Michael Bloss | **Gold**

Michael Bloss

# Gold

Vom Mythos zur Wertanlage

UVK Verlagsgesellschaft mbH · Konstanz · München

**Michael Bloss** ist Direktor der Commerzbank AG und des Europäischen Institut für Financial Engineering und Derivateforschung (EIFD). Er lehrt an der Hochschule für Wirtschaft und Umwelt, Nürtingen-Geislingen (HfWU), deren Ehrensenator er ist.

michael.bloss@eifd.de

Bibliografische Information der Deutschen Bibliothek
Die Deutsche Bibliothek verzeichnet diese Publikation in der Deutschen Nationalbibliografie; detaillierte bibliografische Daten sind im Internet über <http://dnb.ddb.de> abrufbar.

**ISBN 978-3-86764-823-3 (Print)**
ISBN 978-3-7398-0355-5 (EPUB)
ISBN 978-3-7398-0356-2 (EPDF)



Lektorat: Dr. Jürgen Schechler
Einbandgestaltung: Susanne Fuellhaas, Konstanz
Einbandmotiv: © iStockphoto michaklootwijk // iStockphoto 4x6
Printed in Germany

UVK Verlagsgesellschaft mbH
Schützenstraße 24 · 78462 Konstanz
Tel. 07531-9053-0 · Fax 07531-9053-98
www.uvk.de

# Inhalt

# Inhaltsverzeichnis

# Vorwort

Gold ist seit Menschengedenken immer wieder Dreh- und Angelpunkt von Diskussionen, Kriegen, Ränkespielen und Machtausübung. Doch Gold ist mehr als ein Machtinstrument, es ist Mythos, Glaube, Anlage- und Werterhaltungsinstrument. Gold ist ein großer Teil unserer Geschichte bzw. hat diese maßgeblich beeinflusst und gestaltet.

In der nun vorgelegten und veränderten zweiten Auflage dieses Buches wird der ganze Facettenreichtum des Goldes aufgezeigt. Dabei wird die Faszination dessen wiedergegeben, was schon die alten Ägypter, die Bewohner des sagenumwobenen Babylons und den Sonnenkönig Ludwig XIV. begeistert hat. Wir gehen der Frage nach, was begründet den Mythos Gold und welche Geschichten sind damit verbunden? Wir schlagen eine Brücke zwischen den historisch überlieferten Daten und der modernen und oftmals so kühlen Finanzwelt von heute.

In unserem Wirtschaftssystem kommt Gold eine ganz besondere Bedeutung zu. Auch so viele Jahre nach dem Auflösen des Goldstandards ist Gold als Schatz der Notenbanken und somit als Schatz der Volkswirtschaft von großer Wichtigkeit und Bedeutung. Gerade in Zeiten des fast ausufernden Papiergeldes kann dies einen fundamentalen Gegenpol bilden und gilt als Stabilisator und Anker vieler Entscheidungen.

Als Anlageobjekt fällt Gold immer in Zeiten von hohen Volatilitäten eine besondere Aufgabe zu. Umso komplexer die Zeiten erscheinen, desto stärker tritt Gold in den Fokus der Anleger und deren Berater. Es gilt als nicht korrelierend mit Aktieninvestment und als „Fluchthafen“ in unsicheren

Zeiten. Jetzt besinnt man sich der alten Wertaufbewahrungseigenschaften von Gold und kehrt zu alten Anlagemustern zurück, welche in Zeiten boomender Märkte nicht von Bedeutung sind.

Ich möchte an dieser Stelle allen danken, die an der Entstehung dieses Buches beteiligt waren. Allen voran Herrn Dr. Jürgen Schechler, der mich für die Idee begeistert hat, das Manuskript für eine zweite Auflage nochmals in die Hand zu nehmen, und der seit vielen Jahren als Lektor an meiner Seite steht. Ein großer Dank gilt auch meiner Familie, ohne deren großen Rückhalt und Geduld meine Arbeit so nicht möglich wäre.

Stuttgart, im Sommer 2017 — Michael Bloss

Alle in diesem Buch aufgezeigten Anlage- und Investitionsinstrumente wurden lediglich zu Veranschaulichungszwecken gewählt. Sie stellen kein Angebot zum Kauf oder Verkauf dar; sie gelten als freie Beispiele. Dies gilt insbesondere auch für physisches Gold und alle seine Derivate, für alle angesprochenen Zertifikate und Minenwerte.

# Teil 1

# Gold zwischen Mythos und Geschichte

# 1 Was den Mythos Gold begründet

*„Am Golde hängt, zum Golde drängt doch alles."*[1]

JOHANN WOLFGANG VON GOETHE legt seiner Protagonistin Margarete in FAUST dieses vielbediente, jedoch so treffende Zitat in den Mund, dass auch ich es mir hier zu zitieren erlaube. Denn kaum eine Aussage ist wohl zutreffender als diese. Heute würde man wohl eher umschreiben: Gold ist eine Key-Investition, ein Grundsatz- und Bodensatzinvestment und ein Zeichen für Macht und dessen Erhalt. Viel klarer als ich zeigt dies Goethe jedoch in seinem Faust mit obigen Worten auf. Doch was prägt den Mythos vom Gold? Dazu muss man, über den Ur-Faust hinaus, zeitlich viel weiter zurückgehen. Gold war eines der ersten von Menschen verarbeiteten Metalle. Seine warme und glänzende Farbe hat es dem Menschen schon immer angetan.

**Gold – Eine kurze Begriffsdefinition der Materie**

Der Begriff Gold kommt aus dem Indogermanischen und leitet sich von *glänzend* und *gelb* ab. Sein Elementsymbol ist Au und die Ordnungszahl im Periodensystem ist die 79.

Ein Grund für die Attraktivität des Edelmetalls ist, dass es sich mechanisch gut verarbeiten lässt und nicht korrodiert. Die Goldgewinnung kann heute bis in die Kupferzeit nachverfolgt werden. Im Jahr 1972 wurden im bulgarischen

[1] Vgl. Goethe, J.W.: Faust I Vers 2802 ff.

VARNA in einem Gräberfeld bedeutende Goldfunde gemacht. Diese waren kunstvoll gearbeitet und zeugten von einem hohen handwerklichen Können. Eine zeitliche Datierung ergab, dass die Goldobjekte ca. 4.500 vor Christus geschaffen wurden.[2] Dieser Goldfund zeigte auf, wie wichtig das Metall für die Menschen bereits in dieser Zeit gewesen ist, und dass der Mensch bereits damals die verschiedenen Verarbeitungsarten beherrschte. Besonders beeindruckend ist das mit der Ziffer 43 versehene Grab. Es beinhaltete die sterblichen Überreste eines ca. 1,70 Meter großen Mannes, welcher ca. 40 bis 50 Jahre alt geworden war. Er war mit 990 einzelnen Goldobjekten umgeben. Auch seine Kleidung war mit Goldapplikationen versehen. Als Grabbeigabe wurde unter anderem eine Art Zepter gefunden, welche annehmen lässt, dass es sich um einen hohen Priester oder Regenten handelt. Diese Grabbeigaben erinnern sehr an die der alten Ägypter.

So haben diese zum Beispiel dem Pharao der 18. Dynastie (zwischen 1332 und 1323 vor Christus) eine goldene Totenmaske aufgelegt, bevor er in eine reich verzierte und mit mehreren Sarkophagen (ebenfalls aus Gold) versehene Grabkammer gelegt wurde. Auch die Grabbeigaben, welche den Pharao auf dem Weg ins Jenseits begleiten sollten und ihm dort ein angenehmes Leben bescheren sollten, waren von hohem Goldgehalt. Durch die Entdeckung des Grabes im Jahr 1922 durch den britischen Archäologen HOWARD CARTER (1874–1939) wurden diese Schätze der Welt wieder zugängig gemacht. Erst durch sein unnachgiebiges und sehr akribisches Graben im Tal der Könige wurde das Grab gefunden. Viele hatten es schon aufgegeben, dachten, das Tal

---

2 Vgl. Iwanow: Die Schätze der Warnaer chalkolithischen Nekropole 1978

der Könige wäre längst erforscht und es würde kein weiteres unentdecktes Königsgrab mehr existieren. Nur durch einen sehr wohlhabenden Geldgeber, LORD CARNARVON (1866–1923), konnte CARTER seine Grabungen durchführen und einen der größten Schätze der Menschheit dieser wieder zurückgeben. Man könnte sagen, durch das Geld von LORD CARNARVON und den unermüdlichen Willen von HOWARD CARTER wurde das Gold TUTENCHAMUNS wieder zutage gebracht.

Philosophisch übersetzt könnte man deuten, wo Geld und Gedanken zusammentreffen, scheinen goldene Zeiten anzubrechen.

**Goldenes Zeitalter – AUREA SAECULA**

Das „Goldene Zeitalter" kommt aus der antiken Mythologie und umschreibt einen Zustand, welcher als Idealzustand, in dem Frieden und Eintracht herrschen, anzusehen ist. Die Lebensbedingungen wurden vollständig durch die Natur abgedeckt und alle lebten in Frieden und Harmonie. Man kann Parallelen zur biblischen Geschichte und dem Garten Eden ziehen, wo vor dem Sündenfall und der damit verbundenen Vertreibung aus dem Paradies ebenfalls ein solcher Zustand herrschte.

Dem Mythos um den Fluch des Pharaos, welcher sich nach einigen Grabungsunfällen und Todesfällen bildete, wurde versucht mit Fakten zu begegnen, die aufzeigten, dass es sich um keine unnatürlichen Todesfälle handelte. Somit hält der Mythos einer kritischen Prüfung nicht stand, besteht in vielen Köpfen aber bis heute fort.

Doch kehren wir zu den alten Ägyptern zurück. Noch ein weiteres, sehr wichtiges Indiz zeigt auf, wie wichtig Gold bereits für die alten Ägypter war. Denn der königliche Herrscher erhielt als einen seiner fünf Namen in der königlichen Titulatur auch einen „Goldnamen". Dieser sollte den Herrscher mit der Sonne, dem Sonnengott RE, und somit dem Göttlichen gleichsetzen.[3]

Auch in der **Tora** und im **Alten Testament** findet man viele Hinweise darauf, dass die Menschheit schon früh dem Glanz des Goldes etwas Göttliches unterstellte. Daher ist es nicht verwunderlich, dass Gold in den Religionen eine besondere Rolle spielt.

**Skarabäus – Goldener Sonnenscheibenträger**

Der Skarabäus wird mit einer goldenen Kugel dargestellt, die er vor sich herschiebt. Dies symbolisiert die Sonne und den allmorgendlichen Sonnenaufgang. Der Skarabäus galt im alten Ägypten als Symbol der Schöpferkraft und stellt einen direkten Bezug zu RE her.

[3] Vgl. Bonnet: Goldhorus, in: Lexikon der ägyptischen Religionsgeschichte 2000

# 2 Gold in der Religion

Viel Einfluss auf die Mythenbildung von Gold haben die großen Weltreligionen bis in unsere heutige Zeit. So ist es kein Zufall, dass immer dann, wenn von der Göttlichkeit gesprochen wird, oft eine Analogie mit Gold zu finden ist. Dem goldenen Metall wird eine göttliche Atmosphäre gegeben. So liest man bei EXODUS 32:

*„Als das Volk sah, dass Mose noch immer nicht vom Berg herabkam, versammelte es sich um Aaron und sagte zu Ihm: Komm, mach uns Götter, die vor uns herziehen. Denn dieser Mose, der Mann, der uns aus Ägypten heraufgebracht hat - wir wissen nicht, was mit ihm geschehen ist. … Er sagte zu ihnen: Nehmt euren Frauen, Söhnen und Töchtern die goldenen Ringe ab… Er nahm sie von ihnen entgegen zeichnete mit einem Griffel eine Skizze und goss danach ein Kalb …“*

Aus dem Gold der Menschen wird ein Götzenbild geschaffen, das wie Gott selbst verehrt wird. Das immer glänzende Metall wird somit zum göttlichen Element, zu Gottes Hülle deklariert. Es wird zum haptischen Glaubensgegenstand, welcher nicht abstrakt, sondern wahrhaftig fassbar ist. Für die Menschen entstand somit, wie auch schon im alten Ägypten, eine Art von Transzendenz – Gott im Gold. Der Allmächtige, aber nicht sichtbare Gott nimmt im Glanz des Goldes Gestalt an. Doch wie so oft irrt der Mensch in seiner Betrachtungsweise. Denn die von ihm gewünschte göttliche Fassbarkeit, die Greifbarkeit des Göttlichen, entsteht erst viel später und in viel einfacheren und bescheideneren Verhältnissen – im Stall zu Bethlehem.

Springen wir daher etwas in der biblischen Geschichte. Im Neuen Testament liest man beim Evangelisten MATTHÄUS 2, 11:

*„Sie gingen in das Haus und sahen das Kind und Maria, seine Mutter; da fielen sie nieder und huldigten ihm. Dann holten sie ihre Schätze hervor und brachten ihm Gold, Weihrauch und Myrrhe als Gaben dar.“*

Dieser Teil aus der Weihnachtsgeschichte schließt den Kreis. Gold als Zeichen der Ewigkeit, dargebracht für den *wunderbaren Ratgeber, starken Gott, Vater in Ewigkeit, Fürst des Friedens.*[4] Gold für Gott, nicht Gold als Gott. Beschreiben MATTHÄUS und LUKAS in ihren Evangelien noch in aller Romantik die Geschichte der Geburt im Stall zu Bethlehem, so zeigt der Evangelist JOHANNES ein viel weiter zurückliegendes Bild der Menschwerdung Gottes auf:

*„Im Anfang war das Wort, und das Wort war bei Gott, und das Wort war Gott. Im Anfang war es bei Gott. … Und das Wort ist Fleisch geworden und hat unter uns gewohnt, und wir haben seine Herrlichkeit gesehen, die Herrlichkeit des einzigen Sohnes vom Vater, voll Gnade und Wahrheit.“*

Man erkennt hier keine Romantik, kein Gold, keinen Weihrauch, keinen Stall. Dennoch ist dieser Text, welcher uns zurückbringt zur Tora, zu den Fünf Büchern Moses, so immanent wichtig. Denn er schließt den Bund zwischen romantischer Verklärung und philosophisch sachlicher Betrachtung.

---

[4] Vgl. Jes. 9, 5

Auch in den anderen Weltreligionen spielt Gold eine große bzw. übergeordnete Rolle. Die **Bundeslade** (**הַבְּרִית אֲרוֹן**), die nach der Darstellung der **Tora** die von MOSES erhaltenen zehn Gebote beinhaltete (die original Steintafeln vom Berg Sinai), war innen und außen mit purem Gold überzogen. Da die Bundeslade sowohl im **Tanach** wie auch im **Alten** und **Neuen Testament** der Bibel seinen Platz findet, kommt ihr eine besondere Stellung zu. So liest man in Exodus 25, 10:

*„Mach eine Lade aus Akazienholz, zweieinhalb Ellen lang, anderthalb Ellen breit und anderthalb Ellen hoch! Überzieh sie innen und außen mit purem Gold und bring daran ringsherum eine Goldleiste an!" und weiter „Mach zwei Cherubim aus getriebenem Gold …"*

Der **Cherub** als Zeichnen des Beschützens des Inhaltes macht deutlich, wie wichtig dieser war. Er wurde vom Cherub beschützt und dieser, welcher schon durch seine reine Anwesenheit Respekt einflößte, zeigte an, dass der Inhalt der Lade göttlichen Ursprungs war. Der Cherub steht für den Bewahrer und Bewachern von Gottes Eigentum. Er zeigt auch die Kontinuität von Werten auf, welche in dieser Konsequenz nur im religiösen Sinne zu finden ist. Losgelöst von einer Diskussion des Relativismus steht der Cherub für die reine Kontinuität und Beständigkeit und somit auch im übertragenen Sinn für die Beständigkeit des Wort Gottes.

In der Bibel sind die Cherubim Engel von hohem Rang. Bereits im ersten Buch der Bibel, in der GENESIS sind sie zu finden. So liest man nach dem Sündenfall von ADAM und EVA bei Gen. 3,24: *„Er vertrieb den Mensch und stellte östlich des Gartens von Eden die Cherubim auf und das lodernde Flammenschwert, damit sie den Weg zum Baum des Lebens bewachten."*

Das Wort Gottes wird folglich auf Gold gebettet. An dieser Stelle sei es erlaubt, noch eine weitere Deutung anzuführen.

Der Erzengel Gabriel wird im Allgemeinen nach jüdischer Auffassung als Vorsteher der **Cherubim** und **Seraphim** gesehen. In der Bibel finden nur zwei Erzengel direkte Erwähnung: Michael und besagter Gabriel. Während dem Erzengel Michael (lat. Quis ut Deus; Wer ist wie Gott) allgemein die Funktion des Abwägens beim Jüngsten Gericht bzw. beim Partikulargericht zugesprochen wird, erscheint der Erzengel Gabriel (hebr. **גַבְרִיאֵל**; Meine Kraft ist Gott) in der biblischen Geschichte im direkten Zusammenhang mit der Heilsgeschichte, der Geburt Christi. Er verkündigt Maria die Geburt des Kindes; Luk: 1, 30:

*„Fürchte dich nicht, Maria; denn du hast bei Gott Gnade gefunden. Du wirst ein Kind empfangen, einen Sohn wirst du gebären: dem sollst du den Namen Jesus geben."*

Somit schließt sich auch hier der Kreis vom goldenen Cherub auf der goldenen Bundeslade hin zur Geburt des Kindes in Bethlehem, dem **Salvator Noster**.

Die Katholische Kirche betet heute im Rosenkranz und ganz speziell im Angelus, dem Gebet des Engel des Herrn, mit den voran reflektierten Worten: *Der Engel erschien Maria und sie empfing vom Heiligen Geist … Sie sprach, siehe ich bin die Magd des Herrn, mir geschehe nach deinem Wort …; und das Wort ist Fleisch geworden und hat unter uns gewohnt …*

**Wichtige religiöse Gegenstände aus Gold**

| Gegenstand | Einsatz |
|---|---|
| Kelch und Patene | Während des Gottesdienstes als Gefäße für Brot und Wein, welche in der Transzendenz Leib und Blut Christi werden. |
| Monstranzen | Zur Aussetzung des Allerheiligsten in der Anbetung und zum Segen. |
| Weihrauchfass und Schiffchen | Das Gefäß, in dem der Weihrauch während der Messe verbrannt wird und in welchem der restliche Weihrauch aufbewahrt wird. |
| Tabernakel | Er ist der Raum, wo die konsekrierten Hostien bis zur Kommunion aufbewahrt werden. Oft wird der Tabernakel ebenfalls mit Gold um- und eingekleidet. |

Im **Koran** wird Sakina, eine Art Seelenfrieden umschreibender Zustand, in Zusammenhang mit der goldenen Bundeslade gebracht. Diese findet auch hier gedanklichen Einzug. Das goldene Gefäß beinhaltet folglich das Wertvollste, was es gibt.

Auch im **Hinduismus** hat Gold eine ganz spezielle spirituelle Symbolik. Nicht erst seit dem **Dowry Prohibition Act** 1961 ist das an der Hochzeit geschenkte Gold für die Braut ein wichtiger Bestandteil ihres Eigentums. Wurde früher so die Mitgift beglichen, stellt es heute das Frauenvermögen (Stridun) dar, das auf keinen Fall vom Mann angegriffen werden darf. Die einzige Ausnahme stellt der Verlust der

Grundlage des Lebens für die Familie dar. Umso wichtiger der Anlass ist, zum Beispiel die Hochzeit, desto reiner ist das Gold, welches verschenkt wird. Gold wird im Hinduismus auch eine reinigende Wirkung zugesprochen.

**Gold wird dem Licht gleichgesetzt**

Gold (begrifflich aus dem Indogermanischen von *gelb* und *glänzend* abgeleitet) wurde als Himmelskörper die Sonne zugewiesen. Denn nur diese konnte die Strahlkraft des Goldes ebenwürdig darstellen. Sie ist das Zentralgestirn und somit der Mittelpunkt des Universums. Gold steht in direktem Zusammenhang mit dem Begriff Licht. Religiös ist hier ebenfalls eine starke Analogie zu finden. So ist das in Joh. 8,12 zu Lesende: *„ich bin das Licht der Welt"*, auch anders zu deuten. Christus als „Sol Invictus". In Jes. 9 lesen wir: *„Das Volk, das im Dunkel lebt, sieht ein helles Licht; über denen, die im Land der Finsternis wohnen, strahlt ein Licht auf."* Auch hier wird der Begriff *Licht* folglich als Erleuchtung und somit als wertvoll, rein und ewiglich (es handelt sich dabei um dieselben Attribute, welche auch Gold zugeschrieben werden) genutzt.

Bringt man den Begriff *Licht* noch in einen anderen christlichen Zusammenhang. In der Apokalypse, der geheimen Offenbarung des Johannes, liest man vom Himmlischen Jerusalem. Auch hier wird vom Licht gesprochen. Dies bewegte die Baumeister der berühmten Kathedralen so stark, dass diese sich diese Gedanken zunutze machten, haben und in ihren Bauwerken, vornehmlich in den Glasbauarbeiten, umsetzten.[5]

---

5 Vgl. Die Kathedrale Notre-Dame-de-Chartres

Tiefer gefasst kann man den Begriff des Lichts mit der Auferstehung Christi in Verbindung bringen. „**Durch das Dunkel des Karfreitags gelangen wir ins Licht von Ostern.**" Das Dunkel symbolisiert die **Via Dolorosa**, den Leidensweg, bis hin zum **Kalvarienberg**, auf **Golgota**. Das Licht steht für die Auferstehung vom Tode. Das Licht wird somit in den direkten Zusammenhang mit dem wichtigsten Ereignis der Christenheit gesetzt. Das Leben hat den Tod besiegt. Äußerlich wird dies bis heute durch das Symbol der Osterkerze und des Osterlichtes gekennzeichnet. Licht ermöglicht Leben und Fortschritt – Freiheit und Erkenntnis. Dabei lebt das Kerzenlicht selbst vom Opfer. Denn eine Kerze spendet Licht, indem sie sich selbst hingibt.[6]

Dies kann wieder auf CHRISTUS am Kreuz und das Opfer für die Menschheit und somit zurück zur Ausgangsbetrachtung des „Sol Invictus" zurückgeführt werden.

[6] Vgl. Benedikt XVI, Ostern 2012

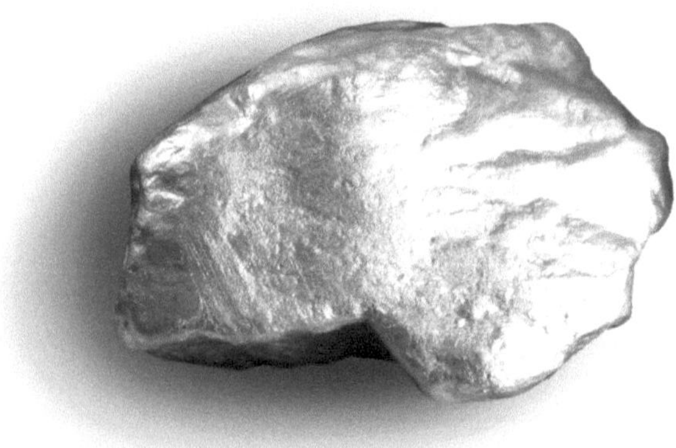

# 3 Der Klerus, die Könige und das Gold

Wenn man die dargestellten Perspektiven noch einmal reflektiert, so stellt man fest, dass der Begriff Gold seit Menschengedenken mit den Begriffen *Macht* und *Allmacht* zu tun hat. Mächtige umgeben und schmücken sich mit Gold. Eines der besten Beispiele hierfür sind die Imperial-Kronen, die Zepter und Reichsäpfel der Könige und Kaiser. Dem Papst wurde früher die dreifache Krone – die **Tiara** – als Zeichen seiner weltlichen und göttlichen Macht aufgesetzt. Heute findet die Tiara nur noch bei der Petrusstatue im Petersdom Verwendung.

Die Tiara wurde dem Papst mit folgenden Worten aufgesetzt: „Empfange die dreifache Krone und vergiss nie, dass Du Vater der Fürsten und Könige bist, das Haupt der Welt und der Statthalter Jesu Christi, …“[7]

Der Papst verwendet heute als Zeichen seines universellen Hirtenamtes die bischöfliche **Mitra**. Doch auch die verschiedenen genutzten Mitren des Nachfolgers des APOSTELFÜRSTEN PETRUS sind oft mit Gold verziert und vom Muster der Tiara nachempfunden. Auch in den Messgewändern ist die Bedeutung von Gold zu erkennen. So wird an hohen Hochfesten, wie zum Beispiel Weihnachten, die Farbe Weiß verwendet, welche oft mit Gold in Verbindung steht bzw. mit goldenen Mustern durchwoben wird. Auch werden die anderen Messgewänder oft mit goldenen Fäden durchwoben, welche unter anderem symbolisieren sollen, dass der

---

[7] Vgl.: Die Ordination des Bischofs von Rom, Richter, K. 1976 S. 109

Träger in Konsekrationshandlungen in Verbindung mit der Kirche des Himmels steht.

In der Kunst werden große und für die Weltgeschichte wichtige Dinge in Gold dargestellt. An dieser Stelle sollen nur einige Vertreter genannt werden: die goldenen Schlüssel, die Petrus für das Tor des Himmelreichs (und somit der Ewigkeit) erhält.[8] Oder man denke an die Bauwerke der Renaissance, wie den prunkvollen Hof des Sonnenkönig Ludwig XIV. – Louis le Grand. Er, der sich selbst als die Sonne, den Mittelpunkt des Universums, sah, ließ sich in goldene Gewänder als sonnengleich kleiden. Auch die berühmten **Imperialkronen** wurden oft aus Gold gefertigt. Mit Edelsteinen besetzt und vervollständigt mit **Reichsapfel und Zepter** waren und sind diese das äußere Zeichen für Macht und Ordnung. Und für den Führungsanspruch im Königreich und als Zeichen der Würde des Amtes. So wird selbst in der heutigen Zeit zu jeder Parlamentseröffnung in Großbritannien die Imperial State Crown aus dem Tower von London geholt und während dieser Zeremonie vom Monarchen getragen.

---

[8] Siehe St. Peter in Vaticano.

# 4 Gold als Beute und Machtgrundlage

Gold wurde im Laufe der Jahrtausende auch immer wieder als Grund für kriegerische Auseinandersetzungen verantwortlich gemacht. Es bekam folglich einen Machtfaktor zugewiesen. Wer Gold besaß, hatte automatisch einen gewissen Machtanspruch. Der Mythos beruht daher lange nicht auf romantischen Vorstellungen, welche wir entwickelt haben. Die Gier des Menschen nach Gold, nach dem, was Stärke und Reichtum und somit auch Macht demonstriert, führte nicht selten zu Eroberungszügen und Plünderungen. Geschichtlich ist dies in vielen Beispielen belegt. Exemplarisch greife ich einige auf.

Das erste Beispiel führt uns in die Zeit Alexander des Grossen (356–323 vor Christus). Seine Eroberungskriege waren, neben dem Anspruch auf Herrschaft und Machtausübung, ebenfalls geprägt von der Eroberung von Gold und anderen Kunstgegenständen. Durch seine Eroberungszüge brachte er den eroberten Ländern jedoch auch eine Neuerung mit. Denn Goldmünzen als Zahlungsmittel waren zwar in der Welt Alexander des Grossen verbreitet, nicht jedoch in Indien. So führte er nach der Eroberung diese in seinem Weltreich als gesetzliches Zahlungsmittel ein und schuf damit den ersten internationalen Geldmarkt. Die Geschichte meinte es gut mit ihm und so kann heute behauptet werden, er war einer der Herrscher mit dem höchsten Ehrgeiz, den es je gab. Dieser Tatsache ist es auch mit geschuldet, dass Alexander seine Machtposition ausbauen und behaupten konnte. Die Größe seines Reiches, welches als Weltreich bezeichnet werden kann, spricht ebenfalls dafür.

Wurden anfangs nur Götter auf den **Münzen** abgebildet, war der Kopf von König SALOMO der erste Menschenkopf, welcher auf eine Münze geprägt wurde. Es ist schon ein bemerkenswerter Zufall, dass gerade dieser König, welcher wie kein anderer die Menschheit beschäftigte, zu diesem Entschluss gekommen war. Heute kann man deuten, dass er seine Weisheit auch für so profane Dinge wie Geld und Gold eingesetzt haben muss. Natürlich ist dies Spekulation, Fakt ist jedoch, dass er sich damit beschäftigt haben muss. Auch SALOMO selbst war es bewusst, dass Gold mit Macht gleichzusetzten war, und wer viel Gold hatte, als mächtig galt. So war es eine einfache Schlussfolgerung, dass er Geldvorräte anlegen ließ.

**König Salomo und die Königin von Saba**

König Salomo gilt der biblischen Überlieferung nach als Erbauer des ersten Tempels in Jerusalem. Er war direkter Nachfolger von Saul und David. Weithin ist sein salomonisches Urteil beim Streit zweier Frauen um ein Kind bekannt. Die Königin von Saba stellte Salomo mit Rätselfragen auf die Probe und erkannte in ihm die große Weisheit. Sie war von seinen Bauten (Annahme hier hauptsächlich seine Palast-Anlage) und seinem Lebensumfeld tief beeindruckt. Der Überlieferung zufolge übergab sie ihm Gold und Edelsteine.

Auch die Römer entsandten ihre Legionäre in die bekannte Welt hinaus, um zu plündern und Goldschätze zusammenzutragen. Da diese Raubaktionen jedoch mit zunehmender

Zeit nicht mehr effektiv waren, mussten die Römer, welche große Mengen von Gold verarbeiteten, auf die Goldproduktion umstellen. Durch Minen in Asien, Afrika und Europa, welche in römischen Provinzen lagen, wurde die Expansion des Römischen Imperiums vorangetrieben.

Julius Cäsar (100–44 vor Christus) hatte die **Aureus** Goldmünze eingeführt, welche von seinem Nachfolger Augustus (23 vor Christus – 14 nach Christus) verändert und in der Produktion verbessert wurde. Sie diente als Weltwährung im Imperium Romanum und alle Krieger wurden damit bezahlt. Kaiser Nero (37–68 nach Christus) begann die Goldqualität herunterzusetzen und der langsame Zerfall begann. Die Qualität der Münzen wurde stetig schlechter, diese wurden in Größe und Stärke verändert und so abgewertet. Das war einer von vielen Gründen, warum viele Jahrzehnte später das Römische Imperium sein Ende fand.

Springen wir wieder etwas in der Geschichte und kommen zu den **kolonialen Eroberungskriegen**, welche zeitlich näherliegen. Exemplarisch für diese nenne ich hier die spanischen Eroberungen sowie die dadurch auch mitinitiierten Fahrten des Christoph Kolumbus (1451–1506). Diese Eroberungen sicherten Spaniens Vormachtstellung in der damaligen Zeit. Auf die eroberten Kulturen wurde dabei keine Rücksicht genommen. Diese waren regelmäßig dem Untergang geweiht. Die Reichtümer und Goldschätze wurden stets außer Landes geschafft. Heute ist historisch bewiesen, dass der Hauptgrund für seine Reisen der Tatsache geschuldet war, dass er Edelmetallvorräte für die spanische Krone sichern sollte.[9] Daran hat sich bis heute nichts geän-

---

[9] Vgl. Klaus Brinkbäumer, Clemens Höges: *Die letzte Reise: Der Fall Christoph Kolumbus*. Deutsche Verlagsanstalt, München 2004

dert und dies begründet auch mit dem Mythos des **Beutegoldes**.

**Die Legende von El Dorado**

Schon der Name El Dorado – „Der Goldene" – sagt alles aus. Denn jeder neue Herrscher der sagenumwobenen **Muisca** im Herzen Südamerikas wurde mit einer Paste aus Goldstaub überzogen. Bei einer Opferzeremonie, auf der er in einem goldenen Floß auf den Guatavita-See hinausfuhr und sowohl Gold als auch Edelsteine opferte und sich zum Schluss selbst dem See hingab, wobei das Goldpulver abgewaschen wurde, zeigte der Herrscher seine neugewonnene Macht und Demut. Wie heutige Untersuchungen aufzeigen, wurde die Zeremonie jedoch in der Zeit der Eroberungskriege deutlich höher bewertet, als diese in Wirklichkeit war. Versuche, den Goldschatz durch Trockenlegung des Sees zu heben, sind allesamt gescheitert.

Auch in späteren Zeiten, wie bei der Eroberung der Neuen Welt, ging es immer wieder um die Bodenschätze. Wo Gold entdeckt wurde, war auch schon bald Krieg und Unfrieden. Gleichgültig, ob es sich um Eroberungszüge der Zarenallianzen oder des Britischen Empire handelte. Die Sicherung von Gold für das eigene Reich und die damit verbundene Macht spornte jeden an, ob einfache Soldaten, Könige oder Kaiser.

Eine seiner schwärzesten Stunden erfuhr das glänzende Metall wohl während der **Nazi-Herrschaft**, als durch Plünderung und Enteignung große private Goldvorräte illegal in den Besitz des damals herrschenden Regimes gelangten. Die Diktatur nimmt sich, was ihr nicht gehört. Sie greift nach den wertvollen Gegenständen. Sie bemächtigt sich dessen, wessen man sich nicht bemächtigen darf.

Philosophisch könnte man hier anmerken, durch solche Taten verliert der wärmste Farbton des vormals als göttlichen Element dargestellten Goldes seinen Glanz. Der Logos des Göttlichen wird angegriffen und geht dabei verloren. Auch heute kann noch immer nicht mit Bestimmtheit gesagt werden, wo sich die noch nicht gefundenen Goldbarren aus jener Zeit befinden. Dabei geht es in der tieferen Betrachtung nicht um den materiellen, sondern um den Verlust intrinsischer Werte. Denn in einer Zeit, da Gold seinen Glanz im Blut der Verfolgten und Getöteten verlor, gilt es nicht mehr als rein, als göttlich, sondern als entweiht. Denn nun galt es nur noch als reines Machtsymbol.

Doch wie machtvoll ist ein **Symbol**, das man sich ergaunert hat? Das einem nicht legitim gehört? Immer wieder in der Geschichte kam es zu gewalttätigen Übergriffen und Enteignungen. Auch dies ist ein Grund, welcher den Mythos des Goldes als dem absolut Starken und dem Mächtigen Zuzuordnenden begründet. Dies ist jedoch auch die tiefschwarze Seite des Goldes. Denn aus dem göttlichen Glanz wird in den Händen der Schurken das kalte Metall. Es behält seine Farbe und seinen Wert und dennoch ist es nicht mehr rein.

**Religion und Wissenschaft**

Viel haben Sie auf den vergangenen Seiten nun über die Mythenbildung und die damit verbundene Religionsnähe gehört. Doch wie passen Religion und unsere aufgeklärte Zeit zusammen? Wie Glaube und Vernunft? Welchen Platz haben Mythen und Religion in unserer Zeit?

Wissenschaft und Religion bedingen einander, auch wenn das *Mysterium fidei* sich nicht einwandfrei beweisen lässt. Dennoch ist *Fides et Ratio*, Vernunft und Glauben, weniger weit auseinander, als es vielen oberflächlich erscheinen mag. MAX PLANCK (1858 – 1947), der Vater der Quantenphysik, schrieb:

*„Alle Materie entsteht und besteht nur durch eine Kraft ... so müssen wir hinter dieser Kraft einen bewussten, intelligenten Geist annehmen. Dieser Geist ist der Urgrund aller Materie."*

In dieser Aussage erkennt man den komplexen und konkreten Zusammenhang. Philosophisch könnte man es auch mit dem MATTHÄUS-Evangelium umschreiben: *„Der Stein, den die Bauleute verworfen haben, er ist zum Eckstein geworden."* Der Mensch, der als Fragender auf die Welt kommt, sucht nach Antworten. Sein ganzes Leben lang. Ein schönes Bild hierfür zeigt das Alte Testament, welches das wandernde Gottesvolk beschreibt. Es zeigt den Menschen auf der Suche nach etwas nicht real greifbaren, welches er dennoch finden oder auch verfehlen kann.[10] Diese Suche beschäftigt den Menschen in allen Zeiten. Somit ist auch die Verbindung von Mythos, Religion und Menschsein zu erklären. Dies ist auch der Grund dafür, dass viele in unserer heute so aufgeklärten und monetaristischen Welt immer noch an die alten und tief in uns verwurzelten Werte und Normen glauben. Die Kontinuität von Werten zeigt auch auf, wie wichtig es der menschlichen Natur ist, sich auf etwas verlassen zu können und darin geborgen zu sein.

---

[10] Vgl. Ratzinger, Joseph: Salz der Erde; vgl. Aristoteles

## Der Mythos ist ungebrochen

Wie in diesem Kapitel dargelegt, ist der Mythos Gold ungebrochen und besteht in einer vielschichtigen Art und Weise fort wie kaum ein anderer Mythos. Gold fasziniert nicht nur die Reichen und Mächtigen, es ist Zeichen für die Ewigkeit und das Göttliche.

### Gold als Zeichen der Ewigkeit

Da Gold im Feuer nicht vergeht und nicht zerstört wird, sondern vielmehr in diesem Feuer seine absolute Reinheit findet, wird es als Metall und Element der Ewigkeit angesehen. Dies wird noch durch die Tatsache unterstützt, dass Gold nicht oxidiert oder erodiert. Somit entwickelte sich Gold schnell als Symbol für die Unsterblichkeit und die Ewigkeit. Da es im Feuer immer reiner wird, kann es auch als Symbol für die Erleuchtung und die höchste Stufe der Erkenntnis angesehen werden.

Es strahlt in seinem warmen Glanz Macht und Einzigartigkeit aus und ist dennoch ein kaltes Metall, welches als reiner Bodenschatz gilt. BEN BARNANKE, der ehemalige Sprecher der US Fed hat einmal vor Studierenden der Georg Washington University gesagt: *„… so muss in Südafrika das Edelmetall ausgegraben werden, nur um es dann wieder in New York einzugraben, in einem Loch aus Stahl, genannt Tresor der New York Fed.“*

Man könnte auch sagen, *„aus der Dunkelheit der Erde wurdest du genommen, in die Dunkelheit des Tresores kehrst du zurück, doch du gibst mit Sicherheit und Rückhalt, für all meine Taten...“*[11]

---

[11] Michael Bloss vor Studierenden des KIT anlässlich einer Gastvorlesung im Jahr 2012

### Die Gier nach Gold

Am Ende des ersten Teils möchte ich den Titel der ersten Auflage dieses Buches aufgreifen und auf diesen eingehen. Die Gier nach Gold ist keinesfalls eine negative Auslegung, denn Gier ist einer der Überlebensmechanismen des Menschen. Sie bringt den Antrieb des Menschen zur Behebung einer Mangelsituation und zur Erfüllung von Wünschen mit sich. Da der Mensch jedoch maßlos sein kann, kann ihn diese Gier, dieser Antrieb nach mehr, auch in die Irre führen. Im vorliegenden Kapitel wurde die Mythenbildung Gold besprochen und aufgezeigt, dass diese den Menschen deutlich geprägt hat. Einer der klassischen Antriebseffekte hier war die Gier nach dem edlen Metall. Als vor über 20 Jahren OLIVER STONES Filmcharakter GORDON GEKKO in *Wall Street* die berühmten Worte *„Gier ist gut"* sagte, wurde damit der emotionale Grundstein für manche Börsenkarriere gelegt. Als in der über 20 Jahre später spielenden Fortsetzung angefügt wurde: *„...und heute scheint es legal zu sein..."* wurde auch auf die Kehrseite verwiesen. So hat auch die Gier wie jede Goldmünze eine Vorder- und eine Rückseite. Beides gehört betrachtet, beides muss man auf sich wirken lassen. Wir entscheiden täglich bei unvollkommener Information. Erst dies lässt ein konkretes Handeln zu. Daher ist oft der Glauben an eine Annahme der richtige Weg, um die Wahrheit schließlich zu erkennen.[12]

---

[12] Vgl. Augustinus Confessiones

## Auf den goldenen Punkt gebracht

- Der Mythos vom Gold gründet in der Entstehung der Welt und des Menschen.
- Gold gilt als rein und edel, es symbolisiert die Ewigkeit und das Göttliche.
- Gold wird als Synonym für Licht und Erkenntnis gesehen.
- Macht und Gold sind zwei unmittelbar miteinander verbundene Begriffe.

# Teil 2

# Gold schürfen, verarbeiten, veredeln

# 5 Im Goldrausch

Gerade im 19. Jahrhundert ist der Mythos Gold auch für ein weiteres Phänomen verantwortlich. Für die Massenbewegung des Goldrausches und der Chance für einfache Arbeiter schnell zu einem reichen Mann zu werden. Es begann mit dem kalifornischen Goldrausch ab 1848. Belegt ist, dass in dieser Zeit der Amerikaner JAMES W. MARSHALL (1810–1885) bei Bauarbeiten das erste **Goldnugget** fand und damit den heute noch berühmten Goldrausch auslöste.

Angesteckt von ihm und verstärkt durch eine Rede des US-amerikanischen Präsidenten JAMES K. POLK (1795–1849) im Dezember 1848, in der dieser mittels der Goldfunde den amerikanisch-mexikanischen Krieg rechtfertigen wollte, kamen die Glücksritter nach Kalifornien. Aufgrund der großen Menge von Goldsuchern kam es schnell zu Problemen der Infrastruktur (katastrophale hygienische Zustände) und es kam zu einem großen Häusermangel. So wuchsen Städte wie San Francisco innerhalb von wenigen Wochen um das 25-fache der ursprünglichen Größe. Diese unkontrollierbare Dynamik brachte viele Krankheiten mit sich. So ist eine grassierende Choleraepidemie aus dem Jahre 1851 überliefert.

Während die Zuwandererzahl immer stärker anwuchs, verminderte sich die Einwohnerzahl der Native Americans drastisch. Heutige Zahlen belegen, dass die indianische **Bevölkerung** von ca. 310.000 zuerst auf 150.000 Einwohner sank und im Jahre 1870 nur noch mit 31.000 gezählt wurde.[13] Sehr beklemmend erscheinen diese Zahlen vor allem

---

13 Vgl. Historical Sketch of the California Indians: Statehood, Beckmann, Ted, Harvey Mudd College 1997

vor dem Hintergrund, dass die Gesamtbevölkerung (ex Native American) von 92.000 Einwohner auf ca. 560.000 Einwohner im Jahr 1870 angestiegen war.[14] Doch woran lag diese Veränderung? Diese Frage ist vielschichtig zu beantworten. Hauptsächlich sind nach der Auswertung heutiger Forschung die mitgebrachten und somit eingeschleppten Krankheiten dafür verantwortlich gewesen. Diese sowie die massenhafte Vertreibung und Massakrierung zählen zu den Hauptgründen des Bevölkerungsschwundes der Native Americans.

Ein weiterer Einflussfaktor war die Freisetzung von großen Mengen an **Quecksilber**, welche durch die Gewinnung von Gold entstand. Der damals sehr sorglose Umgang mit dieser hoch toxischen Verbindung war katastrophal. Das Ergebnis waren vergiftete Flüsse und Seen. Die Goldsucher vergifteten, getrieben von ihrem Wahn schnell reich zu werden, ganze Landschaften. Was für eine Parallele zu manch heutigem Industrieunternehmen.

**Fazit: Der Mensch hat sich hier noch nicht auf der Lernkurve weiterentwickelt.**

Am Ende des Goldrausches waren nur wenige der ausgezogenen Glücksritter wirklich reich geworden. Viele waren, oft auch durch illegale Machenschaften verarmt oder ums Leben gekommen. So starb auch JAMES W. MARSHALL, der erste zufällige Glücksritter völlig verarmt im Jahre 1885 in Kelsey, Kalifornien. Viele Händler und Kaufleute im Umfeld der Goldsucher profitierten jedoch von den Goldsuchern und wurden sehr wohlhabend. Die sich um die Goldsucher entwickelnden Industrien sind teilweise bis in die heutige Zeit

---

[14] Vgl. US Census Bureau: Bevölkerungsschichten Kalifornien

noch vorhanden und wir haben die damals erfundenen Produkte wie selbstverständlich in unser heutiges Leben integriert, oftmals ohne zu wissen, woher diese kommen und welche geschichtliche Relevanz diese besitzen.

**Einer der Profiteure der Goldsucher schuf einen neuen Mythos**

Eine der wahrscheinlich herausragenden Geschichten in diesem Zusammenhang ist die des Levi Strauss, welcher als Sohn jüdischer Eltern 1829 in Buttenheim bei Bamberg geboren wurde (als Löb Strauss) und in die USA ausgewandert war. Nach Jahren als Hausierer für Kurzwaren und Kleidung gilt er heute als der Erfinder einer sehr strapazierfähigen und lang haltenden Hose. Diese mit Indigo-Blau gefärbten und aus Denim bestehenden Kleidungsstücke gibt es auch heute noch. Und Sie sind ein feststehender Begriff geworden: Die **Jeans**. Strauss starb 1902 in San Francisco.

Am Beispiel Levi Strauss‘ kann sehr schön verdeutlicht werden, wie wichtig die Ausstattung der Goldsucher war und wie schnell sich eine ganze Industrie entwickelte. Dies ist wieder exemplarisch zu sehen, für alle großen Trends. Sobald ein solcher geboren wird, entwickeln sich darüber hinaus viele Zulieferungsfirmen, Dienstleistungen etc. Geschichtlich ist dies in vielen Aspekten belegt und kann auch in vielen anderen Industrien nachvollzogen werden. Denken Sie nur an die Erfindung des modernen Automobils durch Carl Benz (1844–1929) im Jahre 1885 oder das iPad durch die Firma Apple im Jahr 2010. Diese Entwicklung ist somit bis in die heutige Zeit geblieben.

Die **mediale Präsenz** von Gold kann auch als Fortführung des Goldrausches gesehen werden: Auch medial wird in der heutigen Zeit gerne mit dem Mythos Gold gespielt, was diesen wie einen Katalysator verstärkt und ihn via Fernseher in jedes Wohnzimmer überträgt. Ein herausragendes Beispiel ist dabei der Film *Goldfinger* (1964) aus der Reihe James Bond von Ian Fleming (1908–1964). Er spielt mit dem Mythos Gold als Machtinstrument, Gold als Zeichen der absoluten Überlegenheit, zeigt in seinem Ende jedoch auch, dass das Gute (dem, welchem das Gold von Anfang an rechtmäßig gehört) siegt. Im Film werden fast alle Register gezogen, von goldüberzogenen Schönheiten bis zum legendären Fort Knox, welches die Goldreserven der Vereinigten Staaten von Amerika im Auftrag des Schatzamtes verwahrt, wird alles gezeigt.

**Fort Knox**

Fort Knox ist ein US-Stützpunkt im Bundesstaat Kentucky. Dort lagern im Auftrag des US-Schatzamtes die Goldreserven der Vereinigten Staaten von Amerika. Der Bau wurde notwendig, um die nationalen Staatsgoldreserven einzulagern und nach dem Goldverbot die Goldbarren sicher aufzubewahren. Nach Angaben der US Fed lagern derzeit ca. 4.580 Tonnen Gold in Fort Knox. Das komplette Gold befindet sich im Eigentum der USA. Das unterscheidet Fort Knox von anderen Goldaufbewahrungsstätten, wie zum Beispiel der Fed Bank of New York, wo zwar größere Mengen Gold lagern, jedoch hauptsächlich von ausländischen Eigentümern, Zentralbanken und Staaten. So liegt zum Beispiel ein Großteil des deutschen Staatsgoldschatzes dort. Die circa 3.400 Tonnen deutsches Gold lagern damit an unterschiedlichen Aufbewahrungsstellen auf der ganzen Welt. Neben dem Großteil, der in New York gelagert wird, sind diese zum Beispiel die Zentralbankenlagerstellen von Großbritannien und Frankreich sowie die Lagerstellen der Deutschen Bundesbank.

Auch der Name des Protagonisten und Bösewichts zeigt einen Teil des Mythos auf. Auric Goldfinger. Im Vornamen ist bereits die Verbindung zu Aurum (Gold) enthalten und Goldfinger gibt einen deutlichen Hinweis auf die mystische Geschichte um König Midas, welcher alles, was er berührte in Gold verwandelte. Die Abrundung des Ganzen erlebt man im Titelsong zu Goldfinger. Hier singt Shirley Bassey (geboren 1937): *„He's the man, the man with the Midas touch …“.*

Die Darstellung des Bösewichts Goldfinger, welcher durch sein Handeln zum Herrscher der Welt avancieren will, hat Gert Fröbe (1913–1988) in einer derart überzeugenden Art und Weise gespielt, dass diese Darstellung heute noch als Meisterleistung für den **„Wahn des Goldes“** und sein unaufhörliches Rufen nach Macht gilt.

# 6 Goldbergbau

Die größte Mine der Welt ist die **Grasberg-Mine** in West-Papua, das zu Indonesien gehört. Sie zählt zu den effizientesten Minen weltweit. Die Grasberg-Mine wurde 1936 vom niederländischen Geologen JEAN-JACQUES DOZY entdeckt. Doch es sollte Jahre dauern, bis man damit begann, die Mine auszubauen und dort Gold und auch Kupfer abzubauen. Durch die komplexe geografische Lage der Mine und das unwegbare Gelände musste viel Zeit und Aufwand betrieben werden, ein Transportsystem zu schaffen. Dies zeigt, wie aufwendig und komplex Goldbergbau auch heute noch ist.

> Die **Grasberg-Mine** ist so groß, dass man sie ohne Weiteres auf Satellitenbildern aus dem Weltall erkennen kann.

Insgesamt betrug die Goldförderung im Jahr 2010 ca. 2.500 Tonnen. Dabei entfielen ca. 345 Tonnen auf China, 255 Tonnen auf Australien, 230 Tonnen auf die USA und je 190 Tonnen auf Südafrika und Russland.

Im Vergleich dazu wurden im Jahr 2005 allein in der Grasberg-Mine ca. 72 Tonnen Gold gefördert. Laut United States Geological Survey waren im Jahr 2010 weltweit noch förderfähige Reserven in Höhe von 51.000 Tonnen vorhanden. Nach vorsichtigen Rechnungen ist somit auszugehen, dass bei gleichen Bedingungen noch ca. 20 Jahre derselbe Goldabbau wie derzeit durchgeführt werden kann.

### Das Goldfördermaximum ist erreicht[15]

Als *Peak Gold* oder *Goldfördermaximum* bezeichnet man den Zeitpunkt, in dem die Förderrate eines Bergwerks das absolute Maximum erreicht hat. Es wird allgemein definiert, dass dies dann der Fall ist, wenn 50% des förderbaren Goldmaterials abgebaut worden sind. In den USA ist dies bereits 1998, in Australien 1997 und in Südafrika 1970 gewesen. Lediglich China erreichte diesen Punkt erst 2009.

Das größte Goldnugget, das je gefunden wurde, wog 72 kg und wurde im Jahr 1869 von JOHN DENSON und RICHARD OATES ca. 200 km nordwestlich von Melbourne gefunden. Es wurde auf den Namen ***Welcome Stranger*** getauft.

### Die tiefste Goldmine der Welt

Wie die WIRTSCHAFTSWOCHE in ihrer Ausgabe vom 16.4.2012 berichtet, liegt die tiefste Goldmine der Welt in Südafrika ca. 4 km unter der Erde. Ein Aufzug, welcher 25 km/h schnell ist, braucht folglich 16 Minuten, um vom obersten zum untersten Punkt zu gelangen. Weiter wird berichtet, dass bereits seit Menschengedenken 166.000 Tonnen Gold aus der Erde gewonnen wurden.

---

[15] Quelle: USGS: World Mine Production and Reserves; Gold Statistics and Information

**Reinheit des Goldes**

Reines Gold trägt heute einen Prägestempel von 999,9 oder 24 Karat. Damit wird angegeben, dass es sich um das reinste und feinste produzierbare Gold handelt.

## Einfluss des Goldbergbaus auf die Umwelt

Immer wieder werden in den Medien die massiven Einflüsse auf die Umwelt durch den Goldbergbau und das sonstige Minentreiben thematisiert. Wie gravierend diese sind, zeigen erschreckende Statistiken von Umweltorganisationen auf. Dies hat dazu geführt, dass sich die Minenindustrie Alternativen überlegen musste. Denn gerade die Aufbereitungsverfahren, in welchen Cyanid, Quecksilber und andere Schwermetalle Verwendung finden und somit freigesetzt werden, sind durch technische Verbesserungen effizienter und umweltfreundlicher geworden. Wenn auch die Umweltproblematik in vielen Ländern gleich bleibt, durch Maßnahmen im Umweltmanagement und in den Umweltrechten wurden die Minenbetreiber von den Regierungen zu einem Umdenken angeregt. Doch aufgrund der fehlenden Alternativen scheint es hier nur eine partielle Besserung zu geben. Eine wirkliche Alternative zur Cyanidauswaschung von geringen Goldanteilen aus dem Gestein ist noch nicht gefunden. Daher ist diese derzeit die am häufigsten eingesetzte Methode zur Goldgewinnung. Wirtschaftlich gesehen handelt es sich um ein konkurrenzloses Verfahren, betrachtet man jedoch die Langzeitfolgen, so kommen hier schnell Zweifel auf.

Ein weiterer Aspekt, welcher im Zusammenhang mit den Umwelteinflüssen oft vergessen wird, ist die Auswirkung des Erzabbaus im Tiefbau. Diese kommen sowohl unter Tage wie auch an der Oberfläche zum Tragen. Unter Tage sind dies vor allem Störungen im Grundwasserfluss, Veränderungen der Grundwasserqualität und Veränderungen des Gesteinsverbandes. Über Tage sind Sekundäreffekte zu erkennen. Durch Grubenentlüftung, Grubenentwässerung und Flächenverbrauch wird in die Natur eingegriffen. Durch den gravierenden Eingriff des Menschen in das natürliche Ökosystem kommt es auch zu Störungen der Pflanzen- und Tierwelt. Gerade durch Grundwasserveränderungen kann dies gravierenden Einfluss haben.[16]

Wie man erkennen kann, gibt es durch den Abbau von Gold sowohl direkte als auch indirekte Einflüsse auf das Ökosystem und letztendlich auch auf den Menschen.

**Ein Beispiel verdeutlicht dies sehr klar:**

„Durch den Einsatz von Cyanid und Quecksilber im Tiefbau und die damit verbundene Grundwasserveränderung kann es zum Beispiel zu Anreicherung von Quecksilber und Schwermetallen in Fischen und fleischfressenden Tieren kommen. Dieses Quecksilber kann unter Umständen (bei nicht ausreichenden Kontrollen) in den Nahrungskreislauf des Menschen kommen und führt dort zur Aufnahme."

---

[16] Vgl. Wieting, Jens: Umweltmanagement des Goldbergbaus in Nicaragua

Untersuchungen in Brasilien ergaben hier deutlich gestiegene Werte.[17] Dies trifft vor allem Bevölkerungsschichten, welche sich ausschließlich oder hauptsächlich aus ihrer näheren Umgebung ernähren und für die Flussfische eine der wichtigsten Eiweißquellen darstellen.[18] Es ist jedoch nicht ausgeschlossen, dass die Konzentration sich durch verschiedene Nahrungsaufnahmen und Weitergaben verteilt und dadurch ein deutlich größeres Gebiet als das unmittelbar umgebende betroffen ist.

## Arbeitsplatz Goldmine

Nach Angaben des **World Gold Council** arbeiteten 2011 ca. 100 Mio. Menschen in der Goldproduktion. Damit ist die Goldproduktion ein wichtiger Arbeitgeber und der Versorgungszweig für unzählige Familien. Dabei wurden in den vergangenen Jahren immer wieder die schlechten Arbeitsbedingungen in den Medien thematisiert. Auch wurde berichtet, dass allein in der Mongolei ca. 8.000 Kinder[19] in den Goldminen des Landes arbeiten. Die Zahlen wurden von der INTERNATIONAL LABOUR ORGANISATION (ILO) erhoben und stammen aus dem Jahr 2006. Dieser Missstand wurde in den vergangenen Jahren öfters thematisiert, hat sich jedoch noch nicht verändert. Die Arbeitsbedingungen sind schlecht und die gesundheitlichen Folgen oft fatal. Im Jahr 2011 veröffentlichte die Menschenrechtsorganisation HUMAN RIGHTS WATCH einen Bericht, demnach mindestens 20.000 Kinder in malischen Goldminen arbeiten würden.

---

[17] Quelle: Malm et. al. 1990 und Mathis Rehaag S. 148 ff.

[18] Vgl. Hentschel et al. 1990

[19] Quelle: Deutsche Welle: Goldkinder – Kinderarbeit in den mongolischen Goldminen

Auch aus anderen Regionen ereilen die westlichen Medien ähnliche Zahlen. Daher kann bei der Beschäftigung in der Goldabbauindustrie derzeit davon ausgegangen werden, dass diese grundsätzlich nicht den unsrigen Vorstellungen von werteorientierten Anstellungsverhältnissen entspricht. Sowohl die Sicherheitsvorstellungen, Vorstellungen zum Arbeitsschutz und zur Arbeitszeit wie auch das Thema Kinderarbeit differieren hier deutlich von den westeuropäischen Vorstellungen.

Die drei **Entwicklungsphasen** beim Aufbau einer neuen Mine[20]

**Phase 1:** Die Exploration

- Explorationsunternehmen sind mit dem Aufsuchen (der eigentlichen Exploration) von Rohstoffvorkommen beschäftigt.
- Neue Rohstoffvorkommen werden entdeckt und erschlossen.
- Die Kosten für die Exploration sind sehr hoch und müssen im Endeffekt durch einen Erfolg getragen werden.

**Phase 2:** Die Entwicklung der Mine

- Machbarkeitsstudien, Umweltstudien und Berechnungen der Wirtschaftlichkeit werden in Auftrag gegeben und durchgeführt.

---

[20] Vgl. Basiswissen Rohstoffe

- Die Projektfinanzierungen inkl. des Einwerbens von Eigenkapital und Fremdkapital und von Partnern sowie das Schließen von Abnahmeverträgen werden durchgeführt.
- Aufbau von Personal und Infrastruktur. Die Infrastruktur nimmt hier sehr viel Zeit in Anspruch, da auch große bauliche Veränderungen geleistet werden müssen.

**Phase 3:** Die Produktion

- Wenn alle in Phase 1 und 2 angerissenen Faktoren zu einem positiven Ende gekommen sind, beginnt die Produktion in der Mine.
- Erst ab jetzt beginnen die Investitionen in die Mine zu arbeiten. Dabei ist zu beachten, dass vom Auffinden eines Minenfeldes bis zur Produktion im günstigsten Fall 3 bis 4 Jahre, im Normalfall jedoch 6 bis 10 Jahre vergehen.

## Goldlager

Die größten Goldlagerstätten der Welt liegen im südlichen Afrika, den USA, Australien, China, Kanada, Russland und in Peru. Die Goldlager befinden sich i.d.R. unterirdisch und werden durch Minenaktivität abgebaut.

**Rohstoffgesicherte Währungen**

Man spricht in den Ländern, wo Rohstoffe vorkommen sowie abgebaut werden, auch von rohstoffgesicherten Währungen, da diese durch die Bodenschätze gedeckt sind. Dies ist ein Grund dafür, dass in Krisenzeiten spezielle Währungen zusätzlich zu den klassischen Krisenwährungen eher gekauft werden als andere.

## Goldproduzenten

Der derzeit größte Goldförderstaat ist China, gefolgt von den USA und Australien. China hat im Jahr 2010 ca. 345.000 kg Gold gefördert.[21] Die errechneten Reserven betragen ca. 1.900 Tonnen. Bei den eigentlichen Goldproduzenten verschiebt sich das Gewicht jedoch etwas. So ist der weltgrößte Goldproduzent BARRICK GOLD, eine kanadische Firma. Diese wird gefolgt von ANGLOGOLD ASHANTI (Südafrika) und NEWMONT MINING (USA).[22] Ihnen folgen die anderen Minen.

## Goldvorkommen

Gold kommt in der Erdkruste als goldhaltiges Gestein (Golderze) und in einer weiteren Form als gediegenes Metall (Au) vor. Teilweise wird Gold in einer Tiefe von 4.000 Metern unter der Erdoberfläche abgebaut. Gold fällt oft beim Abbau von Kupfer, Nickel und anderen Edelmetallen als „*Verunreinigungsprodukt*“ an. Der mittlere Goldgehalt der Erdkruste liegt bei ca. 0,002 bis 0,005 g/t. Dabei kommt dieses sowohl als sichtbares Aggregat wie auch fein verteilt in Mineralien vor. Dabei unterliegt das Gestein einem ständigen Wandel, welcher durch **Magmendifferentiation**, **Gesteinsverwitterung** oder **Verfrachtung** von Sedimentgesteinen in größere Erdtiefen verursacht ist.

---

[21] Quelle: USGS: World Mine Production and Reserves

[22] Quelle: GFMS: Production Review

Grundsätzlich unterscheidet man zwischen verschiedenen Goldlagerstätten:

- primäre Lagerstätten (Berggold)
- sekundäre Lagerstätten (Waschgold bzw. Seifengold)

Bei der ersten Form der Lagerstätte befindet sich das Gold im Steinkörper, vorwiegend unterirdisch, und wird aus diesem ausgebrochen und gefördert. Ein Großteil des Goldes lagert dort. Man unterscheidet die Abbauorte nach den verschiedenen Sedimentschichten und kann diese dann einordnen. Je nach Einordnung ist eine Aussage über den Goldvorrat und den Aufwand zur Gewinnung von Gold möglich.

**Goldbergbau ist ein altes Handwerk**

Bereits 3.000 vor Christus begannen die Menschen mit dem Abbau von Berggold. Das damals noch sehr mühselige Zerreiben des Gesteins wurde von den Römern durch eine neue Spülbergwerkstechnik verfeinert. Aus dem Mittelalter sind so genannte Pochwerke zur Zerkleinerung des Gesteins bekannt. Im aufkommenden 17. Jahrhundert wurde Salpeter- und Schwefelsäure zur Trennung genutzt und im Jahr 1878 die Raffinationselektrolyse eingeführt. Im Jahr 1887 wurde die Cyanidlaugung erfunden und bis in die heutige Zeit weiterentwickelt und eingesetzt.

Das Gold wird in der Regel aus dem Gestein ausgebrochen. Da große Nuggets eher seltener Natur sind, wird ein Großteil des Goldes aus dem umgebenden Gestein gelöst. Unter anderem werden die Cyanidlaugung und ein spezielles Bakterium (umweltfreundlicher als das Cyanid) eingesetzt, um an das wertvolle Metall zu gelangen.

**Bakterien produzieren Gold**

Es war eine Sensation, als im Magazin „Proceedings of the National Academy of Sciences" (PNAS)" eine Gruppe von Forschern um den Australier FRANK REITH berichteten, sie hätten ein Bakterium gefunden, dass Gold produziert. Was wie Phantasterei klingt, ist real geworden. Das Bakterium *Cupriavidus metallidurans* kann giftige Goldverbindungen biochemisch entgiften und produziert somit im Inneren elementares Gold. Diese Tatsache kann nun zum Aufspüren von Goldvorkommen genutzt werden. Haben die Forscher recht, so wäre es der erste Biosensor, welcher funktionieren würde.[23]

Auch wird Amalgam zur Auslösung eingesetzt. Dabei wird das goldtragende Geröll mit Quecksilber versetzt. Quecksilber bildet zusammen mit dem Gold Amalgam, eine Legierung, die man absondern kann. Aufgrund des äußerst umweltschädlichen Prozesses, welcher auch Quecksilber freisetzt, ist dieses Verfahren sehr umstritten. Auch bei der Cyanidlaugung, in der Gold chemisch gebunden und dann durch Filtration[24] gewonnen wird, entweichen giftige Cyaniddämpfe in die Umwelt. Zwar kann die Lauge mehrfach verwendet werden, jedoch hebt dies den schweren Umweltaspekt nicht auf.

[23] Vgl. Wissenschaft aktuell: Joachim Czichos „Goldige Bakterien"

[24] vereinfachte Darstellung

**Die Cyanidlaugung**

Rund 70% der Weltgoldproduktion werden mittels des Cyanidlaugungsverfahrens gewonnen. Unter Rühren werden dabei die Erze zunächst in mehreren Stufen vermahlen. Durch Zugabe von Kalk wird der pH-Wert von 10 bis 11,5 erzeugt und die Masse verdickt. Danach wird die Laugung initiiert. Dabei gibt es verschiedene Verfahren, welche je nach Gesteinszusammensetzung eingesetzt werden.

Das in den Abraumhalden nach der Auswaschung übrigbleibende Gestein enthält hohe Anteile von Cyanid, welches durch Staub und Ausdämpfung unkontrolliert freigesetzt wird.

Eine weitere sehr verbreite Methode ist das **Anodenschlemmverfahren**, welches durch Elektrolyse das edle Gold auslöst. Neben Gold fallen noch andere Edelmetalle wie Silber an, welche in einem weiteren Produktionsschritt ausgelöst werden können.

Alle diese Verfahren (die aufgrund der Komplexität nur rudimentär beschrieben worden sind) sind sehr aufwendig und schwierig. Anders ist dies bei Wasch- oder Seifengold. Man spricht hier von Goldpartikeln, welche durch Auswaschung in Flüssen zu finden sind. Durch den Verwitterungsprozess geben die Gesteinsschichten diese frei und das Wasser führt sie mit sich. Mit Hilfe eines Sichertrogs wird das Metall aus dem Wasser gefischt. Alternativ kommen auch so genannte Waschriffen zum Einsatz, durch die das Wasser geleitet wird. Diese sind zum Beispiel mit Schafsfellen ausgelegt und filtern somit das Gold heraus. Jedoch ist der Gehalt von solchen Goldpartikeln im Vergleich zu unter Tage abgebauten Goldmengen verschwindend gering.

**Das Goldene Vlies**

Der griechischen Mythologie zufolge handelte es sich dabei um das Fell des goldenen Widders CHRYSOMALLOS, der sowohl sprechen wie auch fliegen konnte. Der Mythos begründet sich wohl darauf, dass früher Schafsfell dafür verwendet wurde, Gold aus den Flüssen zu waschen. Die Goldpartikel verfingen sind dabei im Fell und ließen dieses goldfarben schimmern. Im Jahr 1430 stiftete PHILIPP DER GUTE, Herzog von Burgund, den Orden vom Goldenen Vlies, den es bis zum heutigen Tage gibt. Er galt lange Zeit als Hausorden des Hauses HABSBURG.

Daher ist die romantische Vorstellung vom Goldauswaschen an Flüssen eher etwas für die Leinwandabenteuer der Kinoindustrie.

**Exploration ist die Grundlage für eine zukünftige Rohstoffversorgung und den zukünftigen Wohlstand**

Ohne anhaltende Explorationstätigkeiten würden keine neuen Rohstoffvorkommen gefunden werden. Da diese jedoch für unsere wirtschaftliche Entwicklung immanent wichtig sind, ist der Ausbau von Explorationsexpeditionen ebenfalls von großer Wichtigkeit. Diese rechnen sich für die Minenunternehmen jedoch immer erst ab einem gewissen Grenzkostensatz des gesuchten Rohstoffes. Daher kommt auch die Entwicklung, dass die Explorationstätigkeiten in den Jahren mit niedrigem Goldpreis deutlich rückläufig waren. Da auch bei gestiegenem Goldpreis der

Abbau nicht sofort gesteigert werden kann, kommt es zu einem zeitlichen Versatz zwischen Nachfrage und Produktion.

Die **Goldnachfrage** hat sich in den vergangenen 30 Jahren deutlich verändert. Laut GDT wurden im Jahr 1980 35% der weltweiten Goldnachfrage für die Schmuckindustrie, 50% für Anlagezwecke und 15% für die Technologie verwendet.

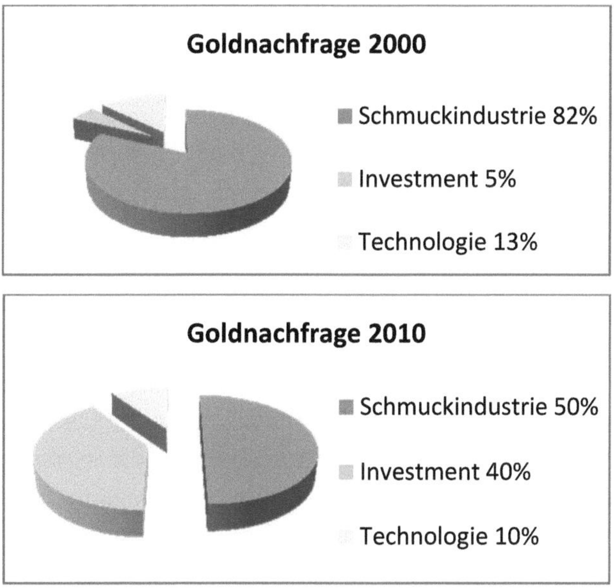


Abbildung 1: Vergleich Goldnachfrage im Jahr 2000 und im Jahr 2010[25]

Bereits im Jahr 2000 war das Bild ein komplett anderes. Nun wurden 82% für die Schmuckindustrie, 5% für Anlagen und

[25] Quelle: GDT

13% für die Technologieindustrie verwendet. Im Jahr 2010 konnte man wieder eine deutliche Verschiebung erkennen. Die Schmuckindustrie war mit 50% der größte Nachfrager. Gefolgt von 40% Anlagen in Gold und 10% Technologieindustrie. Dies wird auch mit der anhaltenden und deutlich an Schwung gewinnenden Digitalisierung weiter voranschreiten. Glaubt man aktuellen Umfragen und Aussagen der deutschen Großkonzerne, so beabsichtigen diese, bis nach 2020 mehr als 80% aller Prozesse auf digitale Prozesse umgestellt zu haben. Diese werden neben der normalen Prozesswelt auch die damit zusammenhängenden Prozesse und Abläufe verändern. Ja, man kann postulieren, dass es die gesamte Wertschöpfungskette und die uns bekannte Arbeitswelt tangieren wird. Welche Auswirkungen diese Änderungen auf die Arbeitswelt, unser Ausgabe- und Anlageverhalten haben, ist derzeit so noch nicht trennscharf abzugrenzen und zu ermitteln. Dass der Einfluss jedoch gravierend sein wird, kann mit Bestimmtheit gesagt werden.

## Woher kommt diese Verschiebung?

Man muss, um dies beantworten zu können, die jeweiligen geopolitischen Daten mitberücksichtigen. Je komplexer die politische Situation und damit verbunden die wirtschaftliche Situation ist, desto stärker steigt die Nachfrage nach Gold als Anlageprodukt. Da im Jahr 2000 die Aktienmärkte boomten und die Nachfrage, vor allem nach Technologieaktien, sehr groß war, wurde wenig bis gar nichts in Gold angelegt. Der in der Industrie benötigte Goldeinsatz ist recht konstant. Die Schmuckindustrie wird immer dann, wenn Gold eine preiswerte Möglichkeit bietet, stark nachgefragt. Auch erhöht sich die Nachfrage in der Schmuckindustrie, wenn es einer Volkswirtschaft gut geht. Das erklärt auch die Quoten im Goldbereich.

**Hauptnachfrager aus der Industrie ist die Technologieindustrie**

Im Jahr 1980 waren die Hauptnachfrager in folgender Reihenfolge: 1. USA, 2. Europa, 3. Südostasien. Im Jahr 2010 hat sich die Reihenfolge wie folgt verändert: 1. Südostasien, 2. USA und 3. Europa. Dies zeigt auch den Weg der Produktionsstätten für Technologieprodukte auf.[26]

Dies ist, sehr vereinfacht dargestellt, der Zyklus des Goldpreises. Als Faustformel kann daraus abgeleitet werden: Je besser der Wohlstand einer Volkswirtschaft ist, desto geringer die Sorgen, desto unbeschwerter der Lebenswandel, desto weniger wird in Gold angelegt. In Krisenzeiten ändert sich dies radikal und es wird das Geld ins Gold „gerettet und mit zunehmender Volatilität kann dieses Verhalten festgestellt werden.

## Der Goldwert

Gute und friedliche Zeiten werden unter anderem oft als goldenes Zeitalter bezeichnet, und auch heute verfolgen Menschen das Ziel, Gold als Statussymbol und Erhalt des eigenen Vermögens zu besitzen. Denn bis in die moderne Zeit gilt, Gold stellt das einzige haptische Wertaufbewahrungsmittel dar. Es ist beliebig teilbar, einschmelzbar und behält dennoch immer seinen Wert.

---

26 Quelle: GDT

### Brot und Gold

Zu Zeiten des sagenumwobenen Königs NEBUKADNEZAR II. (640 –562 vor Christus) lag nach Angaben von Wissenschaftlern der Wert für eine Unze Gold bei 350 Broten. Im Jahr 2009 lag der Goldpreis umgerechnet in Euro bei 770,00. Ein Brot kostete durchschnittlich 2,20 Euro. Man bekam folglich 350 Laibe Brot für eine Unze Gold. Im Jahr 2012 kostet ein Laib Brot ungefähr 3,50 Euro. Der Goldpreis ist jedoch auch gestiegen. Bei 1.300 Euro entspricht das 371 Laiben Brot. Der Gegenwert hat sich also stabil gehalten, wenn auch die restlichen Märkte deutlichen Schwankungen unterlagen. Somit ist das Metall heute noch im gleichen Wert anzusetzen, wie dies bereits vor über 2.600 Jahren der Fall war.[27]

### Goldmaterialwert vs. idealistischer Wert

Bei wertvollen Gegenständen ist es oft so, dass zusätzlich zum meist hohen Materialwert ein noch höherer ideeller und emotionaler Wert hinzukommt. Daher ist eine wertvolle Kunstinvestition oder eine Goldinvestition, welche nicht nur in Barren erfolgt, nicht einfach nach dem Materialwert zu beurteilen. Ein häufig deutlich höherer ideeller und emotionaler Wert wird beigemessen, so zum Beispiel bei wertvollen Schmuck- oder Kunstgegenständen.

---

[27] Vgl. Focus 5.3.2009 Sedlmaier, Hans

Gerade die Finanzkrisen, begonnen mit der Subprime-Krise in den USA über die Bankenkrise, welche ihren katalytischen Höhepunkt im Untergang der amerikanischen Investmentbank Lehman Brothers hatte, bis zur Staatsschuldenkrise der Mittelmeeranrainerstaaten verdeutlichen die Werthaltigkeit von Gold wie kaum etwas Anderes vorher.

Der moderne **homo oeconomicus** klammert sich an alte bewährte Wertaufbewahrungsmittel, da alle anderen von ihm in einem Prozess der „***Creatio ex nihilo***“ geschaffenen real nichts an Wert besitzen. Getragen von einer Rückbesinnung, einer Renaissance, auf die Werthaltigkeit, kommt Gold wieder ein gesteigertes Interesse zu. Hat man Goldinvestoren in den Zeiten von Börsenbooms eher belächelt und als ewig gestrig abgestraft, so triumphieren diese in der Krise. Doch wo liegt die Krux an der Investition in Gold? Alles bislang geförderte Gold würde zusammengepresst einen Würfel ergeben, welcher ca. 20 Meter Kantenlänge hätte.

Dieser würde ohne Weiteres unter die Halbbögen des in Paris stehenden Eiffelturms passen, ohne anzustoßen. Setzt man diese relativ geringe Menge in Relation zu der sich im Umlauf befindlichen riesigen Menge an Papiergeld, wird einem sehr schnell die große und tiefgreifende Bedeutung von Gold klar. Es ist schlicht eine Frage des knappen Angebotes.

Ganz klar führt uns dieses Bild vor Augen, dass es viel weniger Gold gibt, als dass alle Menschen davon profitieren könnten. Dies nährt den Mythos Gold weiterhin. Diese absolute Knappheit des physischen Goldes trägt zur Kraft und Stärke bei, welche das ewig glänzende Metall ausstrahlt.

Des Weiteren treten mehrere Nachfrager, wie zum Beispiel Zentralbanken, am Markt auf. Diese verfolgen währungsspezifische Ziele. Sie kaufen Gold als haptisches Gut und als Gegengewicht zum Papiergeld. Sie kaufen sich mit dem physischen Gold eine Sicherheit für das eigene geschaffene Geld (**Fiat-Money**). Dabei geht es den Zentralbanken mit ihrer Investition in physisches Gold darum, eine Geldwertstabilität zu erreichen.

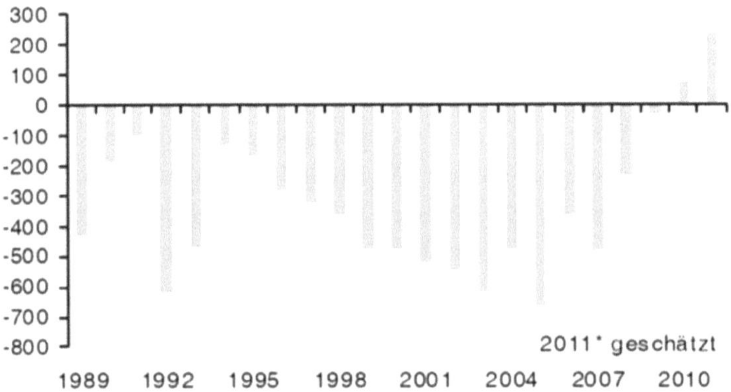


Abbildung 2: Zentralbanken werden zu Goldnachfragern (alle Angaben in Tonnen)[28]

Abbildung 2 zeigt auf, wie die Zentralbanken kurzfristig auf die Käuferseite gewechselt sind, nachdem diese viele Jahrzehnte auf der Verkäuferseite gestanden haben. Gerade die sehr expansive Geldpolitik der FED und der EZB hat in den vergangenen Jahren einige grundlegende Verschiebungen mit sich gebracht. Denn das Einführen von Negativverzinsungen und das bewusste Fluten des Marktes mit Liquidität wären noch vor einem Jahrzehnt undenkbar gewesen. Doch nur durch diese Maßnahmen konnte so viel Zeit gewonnen werden, dass die einzelnen Staaten deren „Hausaufgaben“

[28] Quelle: Commerzbank AG

machen konnten, damit es nicht zu einer tiefgreifenden und ausladenden Wirtschafts- und somit auch verbundenen Sozialkrise gekommen ist.

## Gold-Recycling

Natürlich kann Gold recycelt werden. Man spricht dann von so genanntem Altgold. Da Gold, egal wie es verarbeitet wurde, immer seine Ursprungseigenschaften behält, kann es wiederverwendet werden. Natürlich lohnt es sich nicht, wenn man Kleinstmengen aus Leiterplatten wiederverwenden möchte. Sehr stark wird in der **Zahngoldindustrie** und im Schmuckbereich mit Gold als wiederverwendbarem Rohstoff gearbeitet. So kann es gut sein, dass der Ring, welchen Sie am Finger tragen, aus Gold gefertigt ist, welches bereits die alten Pharaonen im Gebrauch hatten. Da Gold jederzeit eingeschmolzen und neu verarbeitet werden kann, ohne sich dabei nur im Ansatz zu verändern, ist dies technisch kein Problem. Würde man eine Unze Gold zu einem Draht spinnen, würde dieser ca. 55 Meilen lang werden.[29] Nach dem Einschmelzen wäre die gegossene Unze jederzeit wieder herstellbar. Das Gold würde sich bei diesem Vorgang nicht verändern.

### Goldstadt Pforzheim

Eigentlich ist die zwischen Stuttgart und Karlsruhe gelegene Stadt erst auf den zweiten Blick als das zu erkennen, was sie wirklich ist: Die Heimstätte für einen Großteil aller in Deutschland hergestellten Schmucks (ca. 70%)[30] und die „goldene Pforte zum Schwarzwald". Neben großen

---

[29] Vgl. Commerzbank Rohstoff aktuell

[30] Quelle: Stadt Pforzheim

Versandhandelshäusern hat die Schmuckindustrie in Pforzheim den Hauptindustriestellenwert. Somit sind die Goldnachfragen, welche aus der Stadt Pforzheim auf den Markt kommen, mitunter die größten in Europa.

## Goldgewinnung aus Meerwasser

Im Jahr 1920 kam die Idee auf, aus Meerwasser Gold zu gewinnen. FRITZ HABER (1868–1934) hatte diesen Einfall, um damit die deutschen **Reparationszahlungen** nach dem Ersten Weltkrieg bezahlen zu können.[31] Da die Ausbeute jedoch wirtschaftlich so gering war, wurde von der Idee abgelassen. Berechnet man jedoch aus der vorhandenen Menge an Salzwasser die Goldvorräte, so kann man daraus schlussfolgern, dass das in Chlorid-Komplexen gelöste Gold im Salzwasser der Ozeane die größte Goldreserve der Welt ist.

## Goldsynthese

Jahrhunderte lang suchten die Menschen nach dem *Stein der Weisen*. Nach einem Verfahren, das Gold künstlich herzustellen vermochte. Doch was die Alchemisten des Mittelalters nicht wussten, ist, dass Gold bei Kernkollapsen von Supernovae entstanden ist – und dies lange bevor unsere Sonne entstand. Durch den Einsatz von Kernfusion wäre es nun heute möglich, durch **Transmutation** Gold künstlich herzustellen. Dabei wäre es möglich, Platin oder Quecksilber zu mutieren. Da Platin ebenfalls sehr teuer ist, schließt sich dieses Vorgehen aus. Bei Quecksilber würde es sich eher

---

[31] Quelle: Hahn Ralf, 1999: Gold aus dem Meer. Die Forschungen des Nobelpreisträgers FRITZ HABER in den Jahren zwischen 1922 und 1927.

lohnen. Da jedoch der Aufwand so kostenintensiv ist und zudem eine hochkomplexe Verfahrensfolge aufweisen würde, ist ein künstliches Generieren von Gold nicht wirtschaftlich darstellbar.

Mit der Transmutation geht der alte Wunsch der Alchemisten nun doch noch in Erfüllung, einen Weg zu finden, Gold technisch herzustellen. Da dieses Gold jedoch bei Weitem alle Preise der Bergbaugewinnung überschreiten würde, wird dem prinzipiellen Traum eine ökonomische Grenze gesetzt.

## Goldpreisbildung

Der Goldpreis bildet sich durch Angebot und Nachfrage in einem offenen Markt. Im 17. Jahrhundert wurde dazu der **London Bullion Market** gegründet. Im Jahr 1919 einigte man sich dann darauf, das **Goldpreisfixing** einmal formal festzustellen. Im Jahr 1968 kam ein zweites Fixing um 15:00 Uhr Londoner Zeit dazu, um den US-Markt, welcher zu dieser Zeit eröffnet, eine Preisindikation zu geben. Neben diesen Goldfixings gibt es auch fortlaufende Goldpreise, welche außerhalb des Fixings dargestellt werden. Es gibt folglich zwei Preismodelle, Fixing und Floating Market. Das Kürzel für Gold wurde mit **XAU** festgelegt und ist ein eigenes Währungskürzel nach **ISO 4217.**

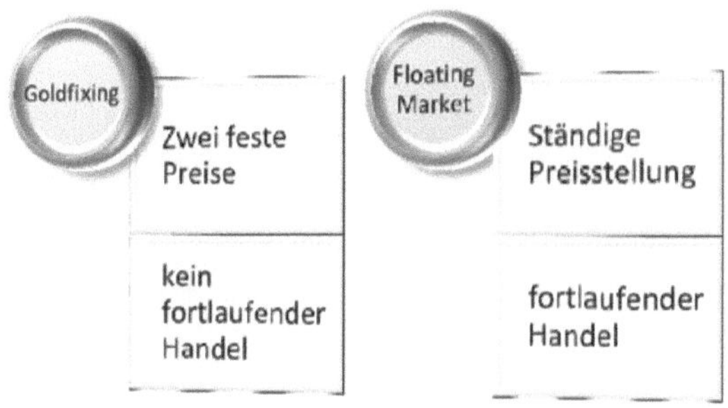


Abbildung 3: Goldpreisbildung in zwei unterschiedlichen Systemen

## Goldankauf

In Zeiten, in denen Gold ein gefragtes Anlagegut ist und sich somit auch in aller Munde befindet, sprießen Goldankaufstationen aus dem Boden wie die Pilze. So wird in den Medien für Goldankauf geworben. Es handelt sich dabei um Goldhändler, die das Altgold ankaufen und es dann entweder weiterverkaufen oder selbst einschmelzen. Dies ist an sich ein altes Gewerbe. Es gilt hier nur darauf zu achten, dass auch alles korrekt abgewickelt wird und man einen guten und korrekten Preis für die Goldschmuckstücke oder ähnliches bekommt. Ist man sich nicht sicher, so sollte man lieber eine zweite oder dritte Meinung einholen. Panikverkäufe nach dem Motto: „*So viel bekomme ich dafür nie mehr wieder*“, sind meist völlig unangebracht. Es ist immer alles eine Frage des zeitlichen Rahmens. Bei einem Investment wie bei Gold ist es keine Frage des Trading (zumindest nicht im physischen Bereich). Gold gilt hier als Bodensatzinvestment und sollte als ein solches auch verstanden werden.

Des Weiteren ist darauf zu achten, dass viele Stücke, vor allem Familienerbstücke, einen höheren Wert als den reinen Goldpreis haben. Neben einem nicht zu bemessenden imaginären und emotionalen Wert haben diese meist auch noch einen anderen mit dem Stück verbundenen Wert, welchen eher ein Juwelier einschätzen kann. So ist so manche Kette aus Großmutters Zeiten mehr wert, als der Goldwert symbolisiert.

## Auf den goldenen Punkt gebracht

- Goldbergbau ist ein altes Handwerk, welches deutlich in die Natur eingreift.
- Große Minenvorkommen sichern den Wohlstand auf lange Jahre.
- Explorationsbemühungen sind langfristig anzusetzen und kostspielig.
- Gold ist mehr als ein Metall, es ist Währung und Wertsicherung.

# 7 Gold in Industrie und Handwerk

Würde man Gold nur als Industriemetall deklarieren, so würde man einen Großteil seiner Eigenschaften einfach ignorieren. Jedoch ist Gold auch **Industriemetall**. Im Gegenzug zu Silber zwar ein recht selten verbautes, aber dennoch in Spezialverbindungen benötigtes Metall. Da Gold nur sehr ungern bis gar nicht Verbindungen eingeht, wird es faktisch nicht verbraucht, sondern lediglich verarbeitet. So sind nur ca. 3% aller auf der Welt existierenden Goldvorräte verbraucht worden.[32] Bei Silber liegt die Quote deutlich höher.

Jeder von uns trägt somit unbewusst jeden Tag einen kleinen Anteil Gold mit sich. Das beste Beispiel sind Handys. In jedem **Mobiltelefon** stecken ca. 24 Milligramm Gold.[33] Natürlich kann man nun sagen, das ist ja verschwindend gering, rechnet man jedoch einmal hoch, dass im Jahr 2008 bereits 1,3 Mrd. Handys weltweit verkauft worden sind, so ergibt sich hier ein Goldinhalt im Gegenwert von ca. 1,5 Mrd. US-Dollar. Die Tendenz ist steigend, da die Nachfrage auf dem Mobilfunkmarkt seit 2008 bis heute ungebrochen hoch ist. Immer komplexere Geräte werden entwickelt und auf den Markt gebracht. Immer neue Nachfragegruppen kommen hinzu. Somit steigt auch die Nachfrage nach den Edelmetallen und den in elektronischen Geräten oft verbauten Seltenen Erden/Metalle.

---

[32] Quelle: Commerzbank

[33] Quelle: Germanwatch

Die **Elektroindustrie** ist neben der **Schmuckindustrie** der größte Nachfrager außerhalb des Anlagemarktes. Durch Produktinnovationen wie **Touch Screen** und immer neuere Modelle wurden in den vergangenen Jahren die Verbraucher angehalten, die neuen Geräte zu kaufen. Altgeräte finden schnell ihr tristes Dasein in irgendeiner Schreibtischschublade. Sie geraten in Vergessenheit. Sinnvoller wäre es hier, ein sinngerechtes und zweckgebundenes Recycling zu betreiben. Bei 1,5 Mrd. US-Dollar Gegenwert rechnet sich hier selbst der komplexe Recyclingprozess für Mindermengen.

**1,5 Mrd. US-Dollar Gegenwert**

Zur Verdeutlichung der Größenordnung: Im Jahr 2012 hat SANDOZ, die Generika-Tochter von NOVARTIS, einen Konkurrenten für diesen Preis aufgekauft. Dabei handelt es sich um eine Firma mit ca. 700 Angestellten und einem ca. Jahresumsatz von 429 Mio. US-Dollar.

Der größte Industriebereich, in welchem Gold verarbeitet wird, ist die Schmuckindustrie. Schmuck ist seit Menschengedenken eine Maßnahme zur Verschönerung des eigenen Körpers. Dabei kommen viele Schmuckgegenstände aus mystischen bzw. geschichtlich verankerten Zusammenhängen. So wurden die Kronjuwelen einst als Repräsentationsobjekt, als Zeichen von Macht und Allmacht verwendet.

Auch wurden spezielle Schmuckgegenstände wie selbstverständlich in das tägliche Leben integriert. So ist der **Ehering** ein Zeichen der Verbundenheit. Der Ring, welcher weder Anfang noch Ende hat, wurde somit zum Zeichen der Ewigkeit und des Zusammengehörens. Er wird nach außen getragen, um diese Zusammengehörigkeit zweier Menschen auch nach außen hin zu zeigen und andere darauf aufmerksam zu machen.

Würdenträger wie Oberbürgermeister, Universitätsrektoren und Präsidenten (Magnifizenzen) erhalten oft eine Amtskette, welche nach außen hin die besondere Stellung aufzeigen soll. Wie das Pallium, welches als Zeichen für die Teilhabe an der Hirtengewalt des Papstes neben ihm selbst auch von den Metropoliten (i.d.R. Erzbischöfe) getragen wird, zeigt auch diese Ehrenkette die Gewichtigkeit des Amtes des Trägers. Meist sind die Amtsketten mit Symbolen und Wappen der repräsentierten Einrichtung versehen. Dabei ist die Amtskette ein Ingenium der ausgeübten Macht, ähnlich wie ein Amtsring (zum Beispiel der Fischerring des Papstes, Kardinals- oder Bischofsring) oder Zepter und Reichsapfel. Sehr prunkvoll und reichhaltig ausgestattet ist die Amtskette des Lord Mayor of London, welcher als Bürgermeister der City of London und Vorsitzender der Corporation of London fungiert.

Ebenfalls gut zu beobachten ist, dass Schmuck als Ehrenbezeichnung gilt, dies vor allem im Bereich der Orden. So ist zum Beispiel der Verdienstorden der Bundesrepublik Deutschland, je nach Ausprägung, zum Tragen an der Kleidung ausgestaltet. Damit wird ebenfalls, nach außen hin der Verdienst und dessen Auszeichnung aufgezeigt. Auch bei sonstigen Auszeichnungen und Preisen kommen oft mit Gold überzogene Statuen und Objekte zur Übergabe. Die Werthaltigkeit des erreichten und ausgezeichneten Werkes wird damit nochmals in einer Ausdrücklichkeit unterstützt, wie dies sonst nur schwer möglich ist. Das beste Beispiel hierfür ist der von der Academy of Motion Picture Arts and Sciences vergebene Filmpreis: Academy Award, besser bekannt unter dem Namen **Oscar**.

**Der Königliche Seraphinenorden**

Ein Beispiel für einen sehr aufwendig gestalteten Orden ist der Königliche Seraphinenorden, der Hausorden und höchster Verdienstorden des Königreichs Schweden. Er wurde 1748 durch König Friedrich I. gestiftet und kann heute nur noch an ausländische Würdenträger verliehen werden.

## Gold in anderen Industriezweigen

Natürlich kommt Gold auch in anderen Industriezweigen zum Einsatz. In den letzten Jahren hat auch die Lebensmittelindustrie Blattgold entdeckt, jedoch weniger als Geschmacksträger (Gold ist geschmacksneutral), sondern um eine Produkt mit einer gewissen Wertigkeit auszustatten. So wird zum Beispiel in Sternelokalen **Blattgold** aufgetragen, das lediglich als Schmuck des Gerichtes gilt. In Wodka und Pralinen ist Gold zu finden. Auch hier wird, wie in der Schmuckindustrie, mit dem warmen Farbton des Goldes die Werthaltigkeit des Produktes unterstrichen.

Die **Kosmetikindustrie** nutzt Gold unter anderem als Färbemittel. Der ewige Glanz soll auch den Anwender bzw. die Anwenderin erfüllen. Mit diesem Marketinginstrument sollen die hochwertigen Produkte an eine dementsprechend gut situierte Kundschaft verkauft werden.

Auch in der **Medizin** wird Gold angewendet. Man denke nur an die Verwendung von Gold im Bereich der Zahnmedizin. Aufgrund seiner speziellen Eigenschaften wie der Beständigkeit, feinen Verarbeitbarkeit und des Nichteingehens von Verbindungen ist es hier für eine schonende und langfristige Therapie sehr geeignet.

Eine schon seit vielen Jahrhunderten mit Blattgold arbeitende Industrie ist das **Kunsthandwerk**. Man denke an die im Barock entstandenen Innenausbauten von Kirchen und Kathedralen, die goldüberzogenen Möbel der Rokoko- und Barockschlösser.

Exemplarisch kann man hier die wunderbaren goldüberzogenen Kapitälchen im Petersburger Winterpalast oder auch die mit Blattgold versehenen Wasserspiele von Schloss PETERHOF (Петерroф) westlich von St. Petersburg nennen. Die Künstler haben hier, wie auch bei den Barockkirchen, das Farbenspiel zwischen klassischem Weiß und Gold in Szene gesetzt. Besonders deutlich wird dies auch im so vielfach als Vorbild dienenden Schloss von Versailles.

Diese Vorliebe für Gold hat sich erhalten. So findet man diese bei den Möbeln des Empirestils wie auch in Kunstwerken und Möbelstücken der späteren Zeit. Gerade auch in „modernen“ Stilrichtungen wie dem Jugendstiel wurde viel mit Gold gearbeitet.

**Was ist Blattgold?**

Bei Blattgold handelt es sich um eine hoch goldhaltige dünne Folie, sozusagen Gold in seiner geringsten Volumendicke. Bei der Herstellung kommen so genannte Goldschläger zum Einsatz. Hierbei handelt es sich um ein über 5.000 Jahre altes Handwerk. Dabei wird das Goldblatt auf ca. 0,1 Mikrometer dünn bearbeitet. Zum Einsatz kommt Blattgold immer dann, wenn man einen Gegenstand besonders exponieren möchte. Er erscheint dann wie aus Gold gefertigt. Auch bei Büchern (dem Goldschnitt) oder bei besonderen Speisen kommt Blattgold zum Einsatz.

Die aufgeführten Beispiele zeigen, dass Gold, und hier vor allem Blattgold, immer dann zum Einsatz kommt, wenn man mit der Technik der **Vergoldung** versucht Gegenstände besonders wertvoll und besonders exponiert darzustellen.

**Was versteht man unter „vergolden"?**

Umgangssprachlich wird oft vom Vergolden gesprochen. Hier kommt der Begriff immer dann zum Einsatz, wenn sich der Einsatz von bestimmten Materialien oder Anstrengungen gelohnt hat. Im Handwerk ist die Technik des Vergoldens ein Überziehen von Grundsubstanzen mit hauchdünnem Gold. Oft kommt es dort zum Einsatz, wo massives Gold zu teuer oder aufgrund seiner weichen Eigenschaften nicht geeignet wäre. Der Vergoldungsprozess läuft entweder manuell mit einem Blattgoldpinsel und dem dazu gehörigen Blattgold oder mit modernen technischen Verfahren ab. Bei Letzteren kommt oft die Technik der Galvanik zum Einsatz. Vereinfacht dargestellt, wird hierbei durch ein elektrolytisches Bad Strom geleitet. Zwischen der Anode und der Kathode befindet sich das zu vergoldende Objekt. Durch den Strom kommt es zu Loslösung von Metallionen, welche sich am zu beschichtenden Material durch Reduktion ansetzen. Es gibt jedoch auch andere Verfahren, wie zum Beispiel das Aufdampfen oder eine keramische Aufbrennungsvergoldung, welche eine dauerhafte Verbindung zwischen dem Grundwerkstoff und dem aufgetragenen Gold ermöglichen.

Die Künstler bedienen sich hier des Goldes als eine zweite Hülle für ihre Kunst. Durch den angenehmen warmen Lichtschein und die wertvolle Darstellung wird dem vergoldeten Material Leben eingehaucht. Die Wirkung der Kunst nimmt somit eine Wendung. Wirkt zum Beispiel weißer Marmor kalt, so bekommt er im Zusammenspiel mit vergoldeten Passagen einen warmen Charakter. Auch wichtige Aussagen werden oft in goldenen Lettern geschrieben. Vor allem, wenn diese ermahnend oder ermutigend und zur Nachahmung gedacht sind. Auch hier wird auf die Werthaltigkeit und die damit verbundene emotionale Wirkung auf den Leser gesetzt.

## Auf den goldenen Punkt gebracht

- Industriell dominiert die Schmuckindustrie den Goldmarkt.
- Gold wird bei der Produktion nicht verbraucht.
- Durch Vergolden werden besondere Kostbarkeiten geschaffen.

# Teil 3

# Keine Wirtschaft ohne Gold

# 8 Der Schatz einer Volkswirtschaft: vom Gold zum Geld

Dass Gold als **Zahlungsmittel** schon immer eine große Bedeutung hatte, ist hinlänglich bekannt. Doch wer hätte gedacht, dass bereits 3000 vor Christus im alten Mesopotamien ein Geldsystem existierte, welches zwar Getreidekörner als Sicherungsunterlage hatte, jedoch dem später aufkommenden Goldstandard sehr ähnelte. Ein Schekel war ca. 179 Getreidekörner wert. Das Wort *Sche* bedeutet so viel wie Weizen, *Kel* war das Maß, ähnlich dem Wort *Scheffel*. Auch heute lebt das Wort *Schekel* in der Bezeichnung der israelischen Währung fort. Gold wurde bereits in dieser Zeit zum Tauschgut nichts anderes ist als Geld, definiert und vereinheitlicht. Wollte man Waren erwerben, so geschah dies nun unkompliziert durch einen **Bezahlvorgang** und nicht mehr wie davor zum Beispiel mittels eines Lebensmitteltausches. In der Antike begann man schließlich damit, dieses Tauschgut in Form von Münzen mit Zeichen und Wappen versehen zu definieren.

Diese Goldmünzen waren die wirkliche **Goldwährung** im Vergleich zu den in Gold hinterlegten Münzen der späteren Zeiten. Sie verkörpern diese im ursprünglichen Sinne. Jedoch hatten massive Gold- und Silbermünzen nicht nur Vorteile. Die großen Nachteile waren deren Gewicht, die erforderliche Lagerung und der aufwendige Transport (vor allem über weite Strecken). Man muss dabei berücksichtigen, dass moderne Transportwege bedeuteten, dass die Münzen mit Karren und zu Pferd transportiert werden mussten.

Durch das große **Gewicht der Münzen** konnte dies sehr beschwerlich sein. Bei einer nächtlichen Rast musste das wertvolle Gut bewacht werden und auch die Aufbewahrung war aufgrund der Sperrigkeit alles andere als einfach. Dies führte dazu, dass man den Gehalt an edlen Metallen verringern wollte. Somit sollten die Münzen leichter werden und es bestand die Möglichkeit, mehr Münzen zu prägen. Doch dies schaffte (ähnlich wie beim Papiergeld der späteren Zeit) große Probleme mit der Geldwertstabilität, denn der Gehalt von edlem Metall nahm ab und es wurde kein adäquater Gegenwert geschaffen.

**Materialwert und Marktwert**

Grundsätzlich besteht immer die Möglichkeit, den Materialwert von Münzen zu senken und den Nennwert gleich zu belassen. Dass dies jedoch große Probleme mit sich bringen kann, zeigt die Geschichte auf. Im Grunde genommen kann man es mit der Papiergeldentwertung vergleichen. Formal ist ein 50-EUR-Schein auch nur wenige Cent wert (Papier, Druckkosten etc.), aber solange jemand bereit ist, im Tauschhandel dafür Waren für 50 Euro zu geben, ist der Tauschwert höher. Es kann somit festgehalten werden, dass der intrinsische Wert und der Tauschwert voneinander abweichen und nur durch die emotionale Bewertung und durch die Notenbank garantierte Wertmarke auf dem Geldschein aufrechtgehalten werden können.

Auch die Babylonier kannten Gold als Zahlungsobjekt (vgl. Kapitel Gold als Machtgrundlage). So ist überliefert, dass im 18. Jahrhundert vor Christus eine Handelskarawane entsendet wurde, um Waren zu kaufen, welche in Gold bezahlt wurden. Ebenfalls ist überliefert, dass Gold in verschiedene andere Metalle, wie zum Beispiel in Silber, getauscht wurde. Das Gold hatte somit die Funktion einer modernen Währung in einem funktionierenden Geldsystem übernommen.

**Die Funktion von Geld**

Als Geld bezeichnet man einen für die Wirtschaft fundamentalen Bestandteil. Es ist Recheneinheit, Wertaufbewahrungsmittel sowie Tausch- und Zahlungsmittel.

Die Funktion des Geldes ist eine einfache. Es erleichtert den Warentausch, Finanztransaktionen. Vergaben von Krediten sind möglich und Güter lassen sich in einer einheitlichen Bewertungsgröße erfassen. Das Geld fungiert somit als Wertemaßstab. Geld ist ein Wertaufbewahrungsmittel, welches nicht verfällt. Der Gelderwerb und dessen Geldausgabe sind somit zeitlich nicht aneinandergebunden und es ist möglich, Geld zu sparen. Daraus ergeben sich die Eigenschaften, welche notwendig sind, um die Funktionen des Geldes zu erfüllen. Es handelt sich hierbei hauptsächlich um die Teilbarkeit, die Unverderblichkeit und den Wertaufbewahrungsansatz.

Bereits im späten Mittelalter hatte sich eine Art **Goldhinterlegung** etabliert. Weil das Aufbewahren und Verwalten sehr komplex war, wuchs um die Goldschmieden dieser Zeit ein weiterer Geschäftszweig. Die Geschäftsleute verwahrten und prüften das Gold, welches zum Beispiel reiche Kaufleute zu ihnen brachten. Dafür bekam man eine Quittung ausgehändigt. Heute würde man sagen, Gold gegen Zertifikat im Tausch (als Zug-um-Zug-Geschäft). Erst wenn der Besitzer das Gold wiederhaben wollte, gab er die Quittung zurück und erhielt sein Gold wieder ausgehändigt.

Es etablierte sich im Laufe der Zeit ein reger Tauschhandel mit diesen Quittungen, da es einfacher war, eine Rechnung nicht direkt mit Gold, sondern mit diesen Quittungen zu bezahlen. Diese Quittungen wirkten wie ein fiduziarisches Zahlungsmittel, vergleichbar mit einem Scheck. Durch die Hinterlegung mit physischem Gold (**Goldhinterlegungs-Standard**) waren diese Papiere immer gedeckt, ermöglichten jedoch eine hohe Fungibilität und Flexibilität. Das moderne Geld- und Bankensystem war geboren.

Aus dem Tauschhandel mit den Gold-Quittungen entwickelte sich in kurzer Zeit ein florierender Geldhandel. Das erste Papiergeldsystem der Welt erblickte diese und mit ihm kamen die fast unbegrenzten Expansionsmöglichkeiten. Nicht der Erste, aber einer der Ersten, die diese Entwicklungsmöglichkeiten mit dem Papiergeldsystem verstanden, war John Law (1671–1729). Er gründete die Banque Royale in Frankreich. Er garantierte, dass die von ihm ausgegebenen Banknoten durch Gold 1:1 gedeckt waren. Leider hielt John Law seine guten Vorsätze nicht, und so wurden immer höhere Papiergeldmengen ausgegeben, welche nicht durch Gold gedeckt waren. Er erlag somit der Versuchung noch mehr Entwicklung zu fördern, als es ihm tatsächlich möglich war. Die Banque Royale war daher nicht mehr vor dem Konkurs zu retten und musste Insolvenz anmelden.

Um diesem Problem nicht ebenfalls zum Opfer zu fallen, beschloss zum Beispiel die Bank von England, eine Höchstgrenze zu erlassen, bis zu der maximal über das eigentlich hinterlegte Gold hinaus **Papiernoten** begeben werden dürfen. Diese ging unter dem Namen **Peelsche Bankakte** in die Geschichte ein und betrug 14 Millionen Pfund. Wollte man darüber hinaus Pfundnoten ausgeben, so musste in diesem Gegenwert Gold angekauft werden. Durch diese Entscheidung wurde jedoch auch der Spielraum geschaffen, mehr Geld auszugeben, als man tatsächlich Goldwert hatte. Der **Goldstandard** war geboren.

**Isaac Newton und der Goldpreis**

Am 21. September 1717 legte der Leiter des königlichen Münzamtes, Sir Isaac Newton (1642–1726), den Umrechnungspreis zwischen Guinee und Silber fest sowie zwischen Silber und Gold. Da Newton jedoch einen zu niedrigen Goldpreis kalkulierte wurde das Silber vom Markt verdrängt und das Gold bekam seine Vormachtstellung.

Durch eine große Währungsstabilität erreichte die Bank von England damit hohe Glaubwürdigkeit. Dies nährte den Erfolg des Goldstandards. Auch in schweren Stunden, wie zum Beispiel während des Französisch-Englischen Krieges, als die Ausgabe der Banknoten für eine gewisse Zeit ausgesetzt wurde, entwickelte sich in der Bevölkerung ein großer Rückhalt für dieses System. Viele andere Staatsbanken machten es der Bank von England nach und führten den Goldstandard ein. Somit war die Währung ein Synonym für eine bestimmte Goldmenge geworden. Wobei die Umrechnung nach dem englischen Vorbild vollzogen wurde. 1 kg Gold entsprach 136,57 Pfund und wurde mit diesem Umrechnungskurs getauscht und umgerechnet. Von nun an bestand ein fester und direkter Zusammenhang zwischen Gold und der liquiden Geldeinheit. Die schaffte viel Transparenz und sicherte den Umrechnungskurs für jeden, der diesen benötigte.

Gold wurde als **Kernwährung** genutzt. Somit waren auch immer der Nominalwert und der Metallwert identisch. Dies verdeutlichte auch, dass jeder Papiergeldinhaber dieses Papiergeld gegen reines Gold eintauschen konnte, wenn er dies wollte. Grundlegendes Problem des Goldstandards jedoch war, dass das Währungssystem kein dynamisches Wachstum generieren konnte.

Als sich der Erste Weltkrieg abzeichnete, bemerkte man, dass nicht ausreichend Gelder für Militärausgaben zur Verfügung standen. Die Regierungen entschieden, den Goldstandard aufzuheben, denn für manche Länder wäre weder der Kriegseintritt noch dessen Durchführung realistisch bezahlbar gewesen und der Krieg wäre bereits beendet gewesen, bevor dieser richtig begonnen war. In diesem Zusammenhang kann darauf verwiesen werden, dass die Aufhebung von althergebrachten Regeln nicht immer etwas Gutes mit sich führt. Aufgrund der Folgen des Ersten Weltkriegs, welche neben den dramatischen Zuständen für die Bevölkerung zusätzlich **Hyperinflationen** und große **Reparationszahlungen** für Deutschland mit sich brachten, mussten neue Regeln gefunden werden. Das alte System der absolut frei schwankenden Wechselkurse hatte sich als nicht praktikabel erwiesen. Doch bis zur Ablösung des alten Systems sollte noch einige Zeit ins Land gehen.

Im Jahr 1926 wurde in England eine Rückkehr zum Goldstandard beschlossen und dieser im Alleingang wiedereingeführt. Bei der Einführung wurden jedoch konzeptionelle Fehler gemacht und so brachte diese viele Probleme mit sich. Eines der Hauptproblemfelder war die sofortige Aufwertung des Britischen Pfunds gegenüber allen anderen Währungen. Diesem Umstand war es geschuldet, dass britische Güter schlagartig auf dem Weltmarkt teurer wurden und daher die Nachfrage zurückging. Die sich abzeichnende massive Wirtschaftskrise konnte nicht aufgehalten werden, ganz im Gegenteil, diese wurde dadurch noch verstärkt. Ein weiteres Problem, das auf den damaligen Schatzkanzler WINSTON CHURCHILL (1874–1965) zukam, war, dass die politischen und sozialen Voraussetzungen sich deutlich gewandelt hatten.

Die Welt hatte sich verändert und es musste mit neuen Konzepten eine Lösung gefunden werden. Etwa 70% der globalen Goldreserven wurden in den Jahren 1920 bis 1922 von den USA gehalten. Im Jahre 1933 verbot der US-amerikanische Präsident FRANKLIN D. ROOSEVELT (1882–1945) den privaten Goldbesitz (**Goldverbot von 1933**).

Alle US-Bürger mussten ihr privates Gold für einen festgelegten Preis von 20,67 US-Dollar pro 100 US-Dollar-Gegenwert (entsprach damals 5 Unzen) an die Federal Reserve (Fed) abgeben.[34] Wer dies nicht tat, beging eine Straftat, welche mit bis zu zehn Jahren Haft geahndet wurde. Der private Goldbesitz wurde von heute auf morgen eine ungesetzliche Handlung. Es fand folglich eine durch das Umtauschgesetz legitimierte Zwangsenteignung statt. Erst im Jahre 1944 wurde ein neues internationales Währungssystem geschafften, welches seinen Ursprung im **Bretton-Woods-Abkommen** hatte.

**Das Triffin-Dilemma**

Im Jahr 1959 fand der Ökonom ROBERT TRIFFIN (1911 – 1993) heraus, dass das Bretton-Woods-System einen gravierenden Konstruktionsfehler beinhaltete. Da nur bedingte Mengen an Gold zur Verfügung stehen, musste ei-

[34] Vgl. Sordon, Dieter: Neuer Goldstandard – neues Goldverbot?

ne zusätzliche Liquidität für den weltweiten Handel durch die ungedeckte Ausgabe von US-Dollars geschaffen werden. Durch diese Problematik erfuhr der US-Dollar als Weltleitwährung einen deutlichen Vertrauensverlust, denn es reichten die Bestände zum Umtausch der Papierdollar in Gold nicht mehr aus. Man versuchte, dieses Problem durch die Einführung von Sonderziehungsrechten zu beheben. Es gelang jedoch nicht. Das System war zum Scheitern verurteilt.

Dieses neue Währungssystem sah den US-Dollar als **Weltleitwährung** vor. Auf dieser Grundlage beruhten alle getroffenen Annahmen. Die Zentralbanken legten ihre Währungsreserven in US-Dollar an und jeder Staat, welcher Mitglied dieses Währungssystems wurde, hatte die Möglichkeit, seine Dollarreserven zu einem festen Wechselkurs von 35 US-Dollar je Feinunze in Gold umzutauschen. Ebenfalls sah es vor, dass die Wechselkursschwankung der übrigen Währungen in einem geringen Rahmen von 1% zu halten war. Doch im Jahre 1973 sahen sich die USA nicht mehr in der Lage, der bestehenden Umtauschverpflichtung nachzukommen. Was war geschehen?

Durch die stark progressive Offenmarktpolitik der Zentralbank Fed, das gestiegene Wirtschaftsaufkommen und die damit verbundenen höheren Papiergeldmengen und die vor allem durch die Schwächung, welche mit dem Vietnamkrieg einherging war der feste Umtausch nicht mehr zu gewährleisten. Eine Deckung von Papiergeld mit Gold wurde daher als nicht mehr zeitgemäß und realistisch angesehen. Das System wurde gekündigt und der Goldstandard fand sein endgültiges Ende. Die Notenbanken waren von nun an nicht mehr an eine Deckung der ausgegebenen Geldmenge gebunden. Die Geldschöpfung aus dem Nichts, das **Fiat Money** wurde eingeführt. Erst seit dieser Zeit ist es den US-Bürgern wieder erlaubt, Gold im Privatbesitz zu halten. Es hat somit fast 40 Jahre gedauert, bis Gold wieder als legales Anlage- und Geldaufbewahrungsgut in den USA zugelassen worden ist.

**Warum spricht man von Fiat Money?**

*Fiat Lux*, es werde Licht (erste Worte Gottes in der Bibel; Gen. 1,3), ist hier das Vorbild bzw. der Namensgeber. Der Prozess des Schaffens aus dem Nichts, wie in der *Genesis* beschriebene, wurde auf das Geldsystem übertragen. Da Papiergeld aus dem Nichts, im Prozess der Geldschöpfung, erschaffen wird, es folglich davor nicht existiert hat und es auch keine Grundlage für die Existenz gibt, spricht man davon. Es besteht keine Deckung und keine Einlöseverpflichtung in zum Beispiel Gold oder in Kurantmünzen.

Als 1976 der **IWF** (INTERNATIONALER WÄHRUNGSFONDS) seinen Mitgliedern die Aufhebung der Goldpreisbindung für die Währungen empfohlen hatte, folgten die meisten Länder diesem Aufruf. Der Weg für ein Währungssystem ohne reale Wertunterlage war geschaffen worden. Die Geldschöpfung aus dem Nichts, das Fiat Money, zog weltweit in die Zentralbanken und Köpfe der Banker ein und begann, von zunächst geringem Gebrauch zu einem der ausschweifendsten Systeme zu werden. Durch das beliebig in Umlauf zu bringende Geld wurde ein wirtschaftlicher Aufschwung finanziert, ohne den die Entwicklungen der vergangen 50 Jahre nicht vorstellbar gewesen wären. Die Möglichkeiten, schnell und umfassend Geld zu drucken, öffnete vor allem für die USA ein großes und bislang nicht dagewesenes Wachstumsfenster.

### Was würde die Wiedereinführung des Goldstandards bedeuten?

Milton Friedman (1912–2006) hat die Kosten für die Wiedereinführung des Goldstandards für die USA mit 2,5% des Bruttoinlandproduktes beziffert. Ex-Fed-Chef Ben Bernanke (geboren 1953) äußerte sich ebenfalls sehr negativ über eine erneute Einführung. Vor allem das deutliche Beschneiden der Handlungsmöglichkeiten für die Zentralbanken wäre problematisch. Eine erneute Große Depression wäre wahrscheinlich der Fall. Die Wirtschaftswoche hat in ihrer Ausgabe 13/2012 aufgezeigt, dass, wenn man bei der derzeitigen Situation den US-Dollar wieder mit Gold unterlegen wollte, der Gleichgewichtspreis pro Feinunze bei 10.410 US-Dollar (angenommener Goldpreis aktuell: 1.652 US-Dollar) liegen würde. Beim Euro würde dies einen Preis von 4.230 Euro bedeuten, im Vergleich zu 1.265 Euro aktuell. Es würde sich daraus ein Umrechnungskurs von 2,4610 Euro/US-Dollar ableiten.[35]

Die in den vergangenen Jahren praktizierte Politik der Zentralbanken, wäre bei einer durch Gold gedeckten Währung undenkbar gewesen. Welche Folgen dies für die Wirtschaft aber auch für den sozialen Frieden gehabt hätte, kann nur erahnt werden. Es ist jedoch davon auszugehen, dass es zu größeren Unruhen gekommen wäre. Denn gerade in extremen Zeiten mit komplexen Fragestellungen ist es wichtig, dass es zu keinen extremen geldpolitischen Verwerfungen kommt. Diese würden das an sich angeschlagene politische System wie ein Katalysator befeuern und zu einer schnellen und unkontrollierten Kettenreaktion führen.

---

[35] Wirtschaftswoche Nr. 13 vom 26.03.2012

## Aus dem unbegrenzten Wachstum entstandene Krisen

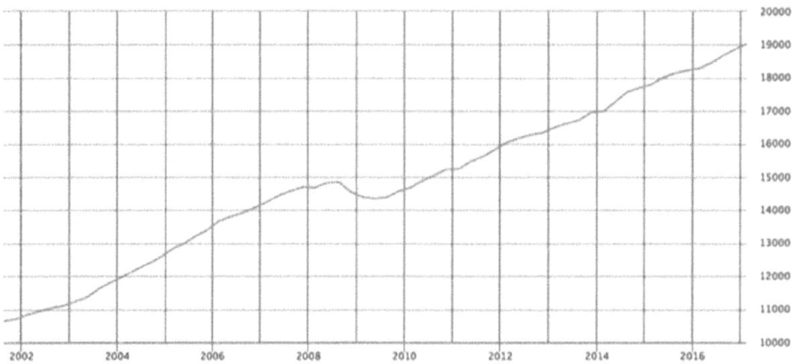


Abbildung 4: US-Bruttoinlandsprodukt 2002 bis Q1 2017[36]

**Der Londoner Goldpool**

Im Jahr 1961 wurde zur Aufrechterhaltung der Goldparität von den Zentralbanken der USA, der Bundesrepublik Deutschland, Belgien, Frankreich, Großbritannien, Italien, Schweiz und den Niederlanden ein Goldpool vereinbart. Hauptaufgabe war es, den Goldpreis durch Marktinterventionen innerhalb einer bestimmten Preisrange zu halten. Grund für diese Markteingriffe waren große Goldumtauschaktionen am Markt, da die Auslandsverbindlichkeiten der USA über deren Goldbestände angewachsen waren. Im Jahr 1967 kam es aufgrund des Vietnamkrieges zu politischen Zerwürfnissen. Im folgenden Jahr wurde der Goldpool aufgelöst.

Jedes Wachstum hatte auch ein deutliches Ausweiten der Geldmenge zufolge. Durch die Finanzkrise der Jahre ab

[37] Quelle: Thomson Reuters

2007, welche wie ein Katalysator auf das **Geldmengenwachstum** wirkte, hat diese nochmals deutlich zugenommen. Nun stand kein Wirtschaftswachstum in üblichen Umfang und zum Konsum im Vordergrund, sondern die Aufrechterhaltung des bestehenden Systems durch Stützung und Bereitstellung von Liquidität. Doch nicht nur die USA, sondern auch das alte und sonst so konservative Europa begann, die Geldmenge deutlich auszuweiten. Gerade im Zuge der Griechenlandkrise wurden große Geld- und Garantiepakete geschnürt. Die Garantieversprechen sind es, welche die Auswirkungen oft erst in der Zukunft erkennbar machen. Denn durch diese wirkt die Geldmengenveränderung nicht direkt auf die jeweiligen Staatshaushalte ein, sondern kann bei einer Inanspruchnahme eine immanente Wirkung entfalten.

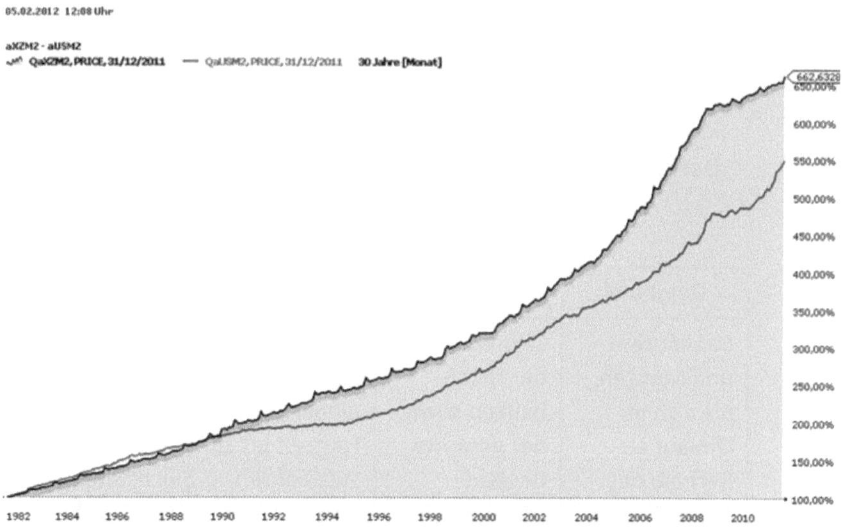


Abbildung 5: Geldmenge M2 im Vergleich Europa (oberer Graph) – USA (unterer Graph)[37]

Betrachtet man die Abbildungen 4 und 6 für die USA im Zusammenhang (Ausweitung der Geldmenge M2 und Bruttoinlandsprodukt), so deutlich auf, dass die Effekte der Geldmengenausdehnung nicht mehr in dem Umfang wirken, wie dies in den Jahrzehnten zuvor zu erkennen ist. Das Ausdehnen der Geldmenge ist folglich nicht mehr der Stimulus für die Realwirtschaft. Die immer neuen Geldmengen halten die Realwirtschaft zwar auf einem gewissen Status quo, jedoch ist das Ziel, ein überdurchschnittliches Wachstum zu generieren, um dann die Geldmenge wieder einzudämmen, ausgeblieben.

[37] Quelle: Thomson Reuters

**Die Geldmengen und deren Bedeutung**

Die einzelnen Geldmengen werden von den Zentralbanken unterschiedlich definiert und veröffentlicht. Anbei die Definition der Geldmengen der EZB:[38]

| Geldbasis | M1 | M2 | M3 |
|---|---|---|---|
| Banknoten und Münzen, die sich im Umlauf außerhalb des Bankensystems (bei Nichtbanken) befinden (folglich ohne Kassenbestände der Geschäftsbanken, jedoch mit Banknotenumlauf im Ausland) plus dem Zentralbankgeldbestand der Kreditinstitute. | Sichteinlagen der Nichtbanken sowie der gesamte Bargeldumlauf. | M1 zzgl. Einlagen mit vereinbarter Laufzeit bis zu zwei Jahren und Einlagen mit gesetzlicher Kündigungsfrist bis zu drei Monaten. | M2 zzgl. Anteile an Geldmarktfonds, Repoverbindlichkeiten, Geldmarktpapieren und Bankschuldverschreibungen mit einer Laufzeit bis zu zwei Jahren. |

[38] Quelle: EZB Monetary aggregates

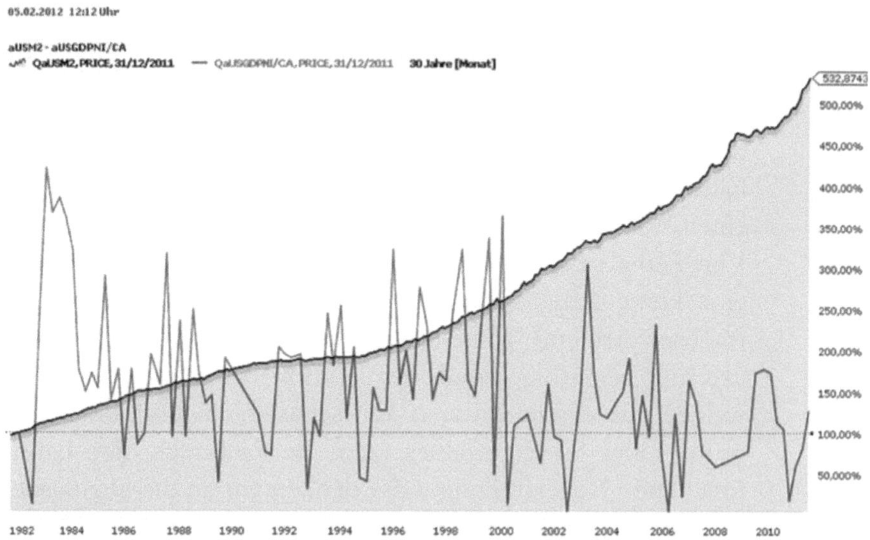


Abbildung 6: Vergleich US-Bruttoinlandprodukt vs. Geldmenge M2[39]

Woran liegt das? Da gibt es vielschichtige Ansätze. Ich gehe nachfolgend nur auf einen der für uns wesentlichen ein.

Die Zinsen sind in den vergangenen Jahrzehnten konstant niedrig gewesen und bis auf ein Nullzinsniveau (bzw. in der Refinanzierung der Banken auf ein Minuszinsniveau) gefallen. Wenn man Zinsen als Kosten für Geld setzt, so könnte man im Umkehrschluss annehmen, dass, wenn keine Zinsen für Geld bezahlt werden, dieses mit keinen Kosten versehen ist. *Doch was nichts kostet, ist auch nichts wert!* Man kann folglich einen einfachen Schluss ziehen. Solange die Zinsen nicht

---

[39] Quelle: Thomson Reuters

ansteigen werden, also das Geld keinen realen Preis bekommt, wird es an realem Wert verlieren.

Dies ist ein schleichender, wenn auch konstant fortschreitender Prozess, welcher nur durch die Notenbanken aufgehalten werden kann. Diese sind jedoch damit beschäftigt, einen Wirtschaftswachstumsimpuls durch billiges überall zur Verfügung stehendes Geld zu produzieren. Dabei wird auf eine kurze Effektstimulation gesetzt, welche nur dann auf tragbare Art und Weise gewandelt werden kann, wenn ein externer Nachfrageimpuls dazukommt, also eine Nachfrage, welche aus einem anderen Wirtschaftsraum und/oder aufgrund eines Sondereffektes (zum Beispiel auch eine bahnbrechende Neuerfindung; oder denken wir an die Digitalisierungswelle, welche uns bevorsteht)[40] hervorgerufen wird.

Betrachtet man die Entwicklung der **Löhne und Gehälter** im Vergleich zu Geldmenge M2, so zeigt sich ein ebenfalls deutlich differentes Bild. Die Löhne sind zwar moderat mitgestiegen, jedoch bei Weitem nicht so stark wie die Geldmengenentwicklung M2. Gerade seit der Finanzkrise 2007 kann man hier eine deutliche Abkopplung erkennen. Das „Retten" der Volkswirtschaft mit billigem, jedoch durch nichts unterlegtem Geld scheint die einzige Lösung für die entstandenen Probleme zu sein. Wie einen Süchtigen, dem man die Schmerzen eines Entzuges nicht antun möchte, versorgen die Zentralbanken den Markt mit Liquidität. Zum einen als direktes Hilfsinstrument, welches bestimmt auch seine Richtigkeit hat, zum anderen als hilfloser Ausdruck einer Überforderung, die Hydra des geschaffenen Systems nicht anders beherrschen zu können.

---

[40] Vgl. Erfindung des PC Ende der 1970er/Anfang 1980er Jahre

**Der Anteil von Gold an den Währungsreserven**[41]

| Land | Goldreserven in Mio. Unzen | Goldanteil an den Währungsreserven in % |
|---|---|---|
| China | 33,9 | 1,7 |
| Japan | 24,6 | 3,2 |
| Eurozone inkl. EZB | 346,8 | 73,2 |
| USA | 261,5 | 90,3 |
| Schweiz | 33,4 | 17,0 |
| Großbritannien | 10 | 22,2 |
| Russland | 28,4 | 9,3 |
| Indien | 17,9 | 10,3 |
| Türkei | 6,4 | 11,8 |
| Südkorea | 1,8 | 0,9 |
| Brasilien | 1,1 | 0,5 |

41 Quelle: Wirtschaftswoche 13/2012

**Die Zentralbanken und Institutionen mit den größten Goldreserven**[42]

| | |
|---|---:|
| Vereinigte Staaten von Amerika | 27% |
| Bundesrepublik Deutschland | 11% |
| Internationaler Währungsfonds | 11% |
| Frankreich | 9% |
| Italien | 8% |
| Schweiz | 3% |

Es ist sehr interessant zu sehen, wie sich die Goldbestände der einzelnen Notenbanken in den vergangenen Jahren verändert haben.

Durch den Niedergang der Investmentbank LEHMAN BROTHERS wurde eine große **Vertrauenskrise** innerhalb des Geldmarktes ausgelöst. Geschäftsbanken trauten sich untereinander nicht mehr und beschlossen daher, untereinander keine Overnight-Ausleihungen mehr zuzulassen. Dasselbe Bild zeigt sich nun weltweit. Nur durch die Interventionen von Zentralbanken wie der EZB und der Fed konnten die Liquiditätsengpässe beseitigt und das Schlimmste verhindert werden.

Dies erklärt bis zu einem gewissen Anteil die Ausweitung der Geldmengen. Des Weiteren wurden durch staatlich verordnete Strukturprogramme neue Gelder in den Umlauf gebracht. Diese sollten die Wirtschaft von innen heraus festigen und Anreize schaffen.

---

42 Quelle: World Gold Council; Stand 2006

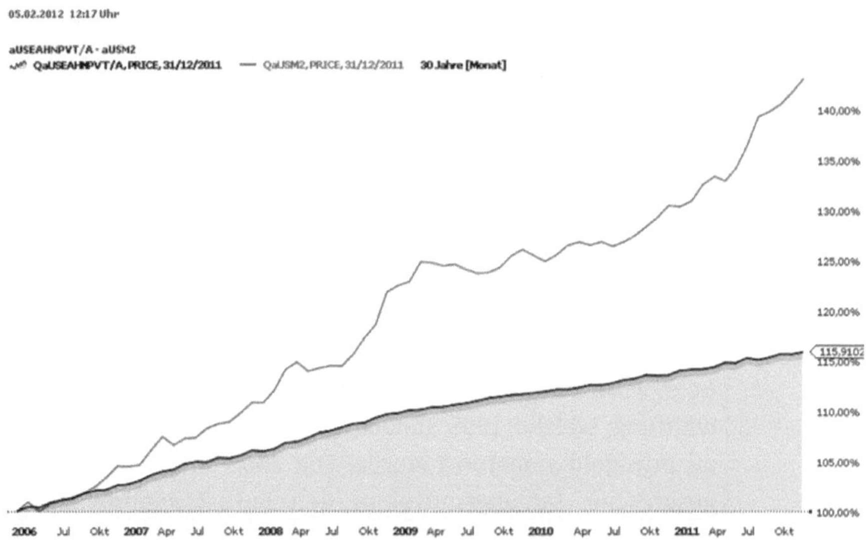


Abbildung 7: Geldmenge M2 (oberer Graph) vs. Löhne und Gehälter (unterer Graph)[43]

Kurze Zeit später kam es jedoch zu einer neuen Sachlage, welche von vielen bislang als undenkbar gehalten wurde. Die **Gefahr von Staatsbankrotten** in Europa riefen erneut die Geldhändler auf den Plan. Eine weitere Ausweitung der Geldmengen war die Folge. Ziel war es nun, ganze Volkswirtschaften zu stützen und damit Kettenreaktionen, welche global verheerend wären, zu unterbinden. Heute ist die Papiergeldmenge, welche sich im Umlauf befindet, bei Weitem nicht mehr durch Gold zu decken. Nicht einmal im Ansatz besteht hierzu die Möglichkeit. Die Fiat-Geldmenge hat den Globus überschwemmt. Sie ist es, die die derzeitigen Wirtschaftssysteme am Laufen hält. Eine Rückkehr zum alten

---

43 Quelle: Thomson Reuters

Goldstandard, wie es immer wieder in den einschlägigen Medien gefordert wird, ist daher Illusion und würde auch schwere Verwerfungen in den Volkswirtschaften mit sich bringen. Diese würden im Endeffekt unter anderem zu sozialen Unruhen, steigenden Arbeitslosenzahlen und extremen Wahlergebnissen führen. Der soziale und wirtschaftliche Friede wäre damit massiv gefährdet.

**Was ist eigentlich der Euro?**

Beim Euro handelt es sich um die Europäische Einheitswährung, welche 1999 zunächst in 11 Teilnehmerländern als Buchgeld eingeführt wurde. Seit 2002 ist der Euro das gesetzliche Zahlungsmittel in den Euro-Teilnehmerländern. Es handelt sich hierbei um einen Verbund von Nationalstaaten, welche eine gemeinschaftliche Währung als Grundlage für weitere gemeinsame Aktivitäten sehen. Die politische Einigung ist jedoch vom Euro losgelöst, was das Konstrukt so komplex und anfällig macht (im Verhältnis zum US-Dollar, welcher neben einer wirtschaftlichen Union auch eine politische Union als Grundlage hat). Als Zentralbank für die Euro-Teilnehmerländer agiert die Europäische Zentralbank (EZB) neben den nationalen Notenbanken (zum Beispiel der Deutschen Bundesbank). Sie gibt für die Eurozone die geldpolitischen Leitlinien vor. Dabei ist die Geldwertstabilität eines der Hauptaufgabengebiete. Die EZB entscheidet auch über die Zins- und Offenmarktpolitik der Eurozone.

## Gold und der US-Schuldenstand

Betrachtet man den Goldpreis im Verhältnis zum US-Staatsschuldenstand (US-Debt), so kann man eine eindeutige Korrelation feststellen. Befand sich das US-Debt bis Ende 1996 unterhalb des Goldpreises in US-Dollar so ist in den vergangenen Jahren hier ein eindeutiger Anstieg zu verzeichnen. Ebenfalls ist gut zu erkennen, dass die US-Staatsschulden massiv mit den eintretenden Krisen angestiegen sind.

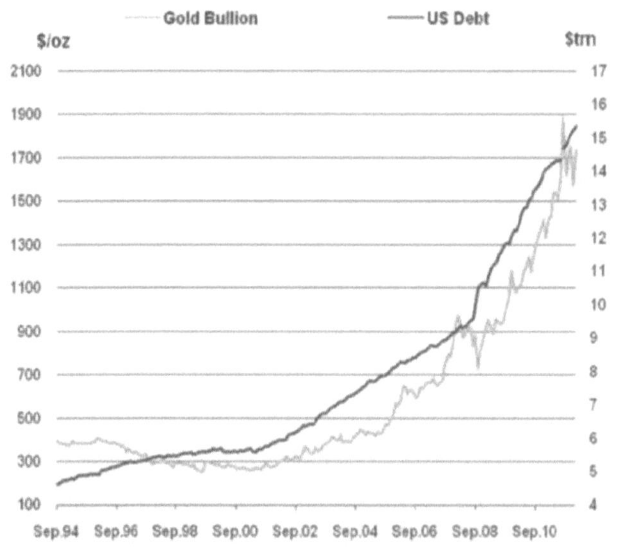


Abbildung 8: Goldpreis in US-Dollar vs. US-Debt[44]

Somit kann auch geschlussfolgert werden, dass das Gold als Nutznießer der steigenden Staatsverschuldung zu sehen ist. Durch diese entsteht eine Art Sogwirkung, welche den Goldpreis stark mit sich zieht. Dies führte auch zu den starken Veränderungen im Goldpreis der letzten Jahre.

---

[44] Quelle: Datastream, BlackRock; Stand 31.01.2012

Zieht man ein **Fazit** aus den vergangenen Seiten, so wird schnell klar, dass da, wo Licht ist, auch immer mit Schatten zu rechnen ist. Die von den Zentralbanken angestoßene expansive Geldpolitik kann nicht mehr zurückgedreht werden. Es ist, wie wenn man mit einer Nadel in einen vollen Luftballon stechen würde. Es kann nur versucht werden, dass Geldmengenwachstum einzudämmen und vor allem die Wirtschaftsleistung durch anderweitige Impulse anzuregen. Erst wenn die Wirtschaftsleistung wieder zur Geldmenge passt, könnte diese guten Gewissens weiter ausgebaut werden. Dies wird eine sehr lange Zeit in Anspruch nehmen. Dennoch ist es realistisch. Des Weiteren muss geschlussfolgert werden, dass wir in einem System der Virtualität von Wachstum (Geldmenge wie auch Realwirtschaft) gebunden sind. Dieses ermöglicht hier sehr viel aber stellt uns auch immer vor neue Herausforderungen.

## Auf den goldenen Punkt gebracht

- Gold sichert den Wohlstand und die gesetzmäßige Ordnung in einer Volkswirtschaft.
- Sowohl die Geldmenge, die Kreditmenge wie auch die Sicherheit in Gold müssen in Relation zueinander tehen.
- Ein neuer Goldstandard wäre ein Wachstumshemmnis.
- Gold ist nicht nur in Krisenzeiten ein wichtiger Sicherheitsanker, jedoch wird er hier erst richtig erkannt.

# 9 Gold für Privatanleger: Wie mache ich mehr aus meinem Geld?

*„Münzen und Barren sind eine solide Anlage."* Diese oder ähnliche Aussagen hört man seit vielen hundert Jahren immer wieder. Und es stimmt, denn physisches Gold ist die einzige Möglichkeit, Geld wertbeständig und haptisch aufzubewahren. Das wusste schon CARL BARKS Figur des DAGOBERT DUCK, der es liebte, in seinem Gold-Geld-Speicher zu schwimmen. Doch es gibt viel mehr als die reinen Goldbarreninvestments. Nachfolgend werde ich einige der gängigsten Arten von Goldinvestitionsmöglichkeiten aufzeigen und erklären.

Grundsätzlich unterscheidet man bei Goldinvestitionen zwischen:

- der physischen Goldinvestition und
- der Investition in ein Anlagevehikel, welches Gold als Underlying besitzt.

Die **physische Goldinvestition** mag dem einen oder anderen Investor als langweilig oder altmodisch erscheinen, betrachtet man jedoch die Entwicklung des Goldpreises, so kann dies im Handumdrehen widerlegt werden. Gerade seit dem Ausbruch der Finanzkrise haben die Investoren sich vermehrt dieser Anlagemöglichkeit zugewendet. Denn gerade in Krisenzeiten wird Gold als sicherer Investitionshafen angesehen. Gerade in den komplexen und schwierigen Investitionszeiten und in Zeiten von nicht eindeutigen Nachrichtenlagen (zum Beispiel während der Griechenlandkrise) ziehen es viele Investoren vor, ihr Vermögen lieber in physisches Gold als in Wertpapieren anzulegen. Immer getreu der Devise: *Wertpapiere bestehen nur aus Papier, Gold bleibt Gold!*

**Eine Übersicht von Goldbarren und deren aktueller Wert (Stand 30.6.2017; Quelle: Commerzbank AG Verkaufskurse)**

| | |
|---|---|
| 1-Gramm-Barren | ca. 48,00 EUR |
| 10-Gramm-Barren | ca. 377,25 EUR |
| 50-Gramm-Barren | ca. 1.796,00 EUR |
| 100-Gramm-Barren | ca. 3.582,75 EUR |
| 500-Gramm-Barren | ca. 17.771,00 EUR |
| 1-kg-Barren | ca. 35.489,50 EUR |

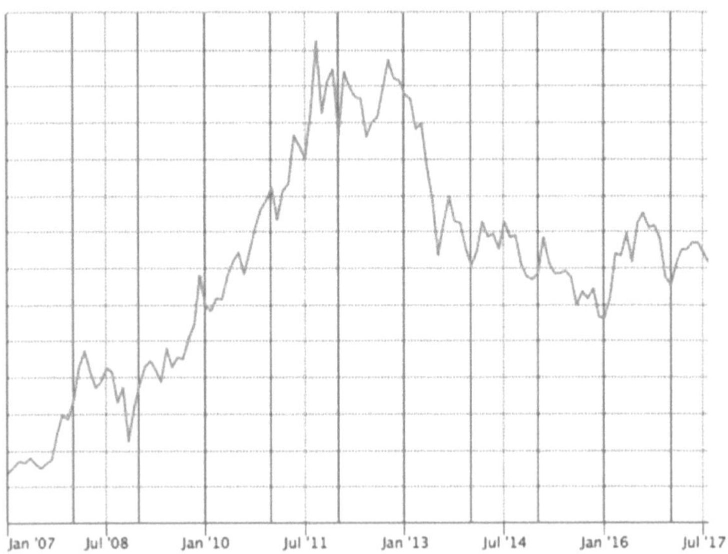


Abbildung 9: Goldpreis in US-Dollar[45]

45 Quelle: Thomson Reuters

Die damit verbundenen Befindlichkeiten wie das Einlagern des physischen Goldes sowie die damit verbundene Versicherungsthematik können durch ein Bankschließfach mit Versicherungsschutz schnell umgangen werden. Dies schafft für den physischen Goldinvestor eine einfache und zielführende Verwahrung, ohne selbst das Risiko dafür tragen zu müssen. Welche Preisunterschiede (Handelskosten) die jeweiligen Gewichtsklassen an Gold haben lässt sich der obigen Tabelle gut entnehmen. Daher ist anzuraten (das Preisgünstigste ist), wenn es geht, immer große 1 kg-Barren zu kaufen, da auf diesen die geringsten Handelskosten entfallen.

**König Krösus und die erste Goldmünze**

Unter König Krösus (590–541 vor Christus) wurden um 560 vor Christus die ersten einheitlichen Goldmünzen geprägt und in Umlauf gebracht. Er gilt somit bis heute als der Erfinder der einheitlichen und fungiblen Goldmünzen.

Die einzige, jedoch nicht wegzudiskutierende Risikoproblematik wäre für den physischen Goldinvestor ein Goldverbot, wie es in den USA schon gegolten hat. Seinerzeit war der Besitz von Gold unter Strafe verboten. Dieses Risiko gilt als klassisches **politisches Risiko** und kann nicht umgangen werden. Rechnet man jedoch nicht mit diesem *Worst-Case-Szenario*, so ist die Investition von 10% des Vermögens in physisches Gold anzuraten. Es gilt als Liquiditätsaufbewahrung und sollte auch nicht einfach wiederverkauft werden. An sich ist diese Position als *Daueranlage* im Familienbesitz zu halten.

**Welche Barren oder Münzen soll ich kaufen?**

Auch hier gilt wie immer im Leben, die Mischung macht den Erfolg aus. Neben klassischen Barren (von 10 g bis zu 1 kg) sind auch Münzen anzuraten. Bei einem Goldverbot wären diese gegebenenfalls noch nicht gleich oder gar nicht betroffen. Denn es ist mit einer großen Wahrscheinlichkeit anzunehmen, dass es im Worst-Case-Szenario nicht zu einem Goldverbot, sondern zu einem Verbot der Goldhortung kommt. Es wäre somit denkbar, dass gewisse Grenzen eingeführt werden oder dass zum Beispiel Münzen bis zu einem gewissen Grad zugelassen werden. Daher ist eine gute Mischung immer die beste Möglichkeit, um für alle Eventualitäten vorgesorgt zu haben.

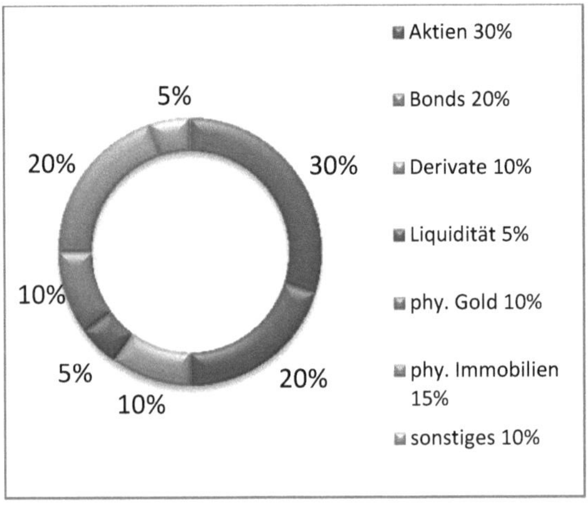


Abbildung 10: Exemplarische Aufteilung von Vermögen

In Abbildung 10 wird exemplarisch aufgezeigt, wie man ein Vermögen aufteilen kann. Dabei ist in diesem Beispiel viel Wert auf ein substanzwertbezogenes Investieren gelegt worden. Als klassische Substanzwerte zählen **Aktien** als

Unternehmensbeteiligung, Immoblilien, welche nicht nur Anlage, sondern auch Cashflow-Objekt sind, und physisches Gold. Der Bereich der Rentenpapiere sollte nur mit guten Bonitäten und überblickbaren Laufzeiten versehen werden. Im Block der Derivate werden auch Absicherungsinstrumente hinzugezählt. Der Block Sonstiges beinhaltet zum Beispiel auch Beteiligungen an GmbHs und ähnliches, welche als Substanzwert anzusehen sind.

**Goldene Börsen**

Der *London Bullion Market* ist einer der wichtigsten Handelsplätze für Edelmetalle. Seit 1919 wird hier der Weltmarktpreis für Gold festgestellt. Dazu werden zwei Gold-Fixings durchgeführt. Das erste um 10:30 Uhr und das zweite um 15:00 Uhr London Time. Neben dem London Bullion Market in London findet ein reger Handel an der NEW YORK MERCANTILE EXCHANGE statt. Sie ist die weltgrößte Warenterminbörse. Hier wird Gold sowohl auf dem Parkett als auch vollcomputerisiert gehandelt. Für die Belieferung gibt es festgelegte Reinheitsgehalte und Mengenangaben. Diese werden permanent überwacht. Somit ist stets gewährleistet, dass das gelieferte Gold genau den Anforderungen entspricht.

## Wie investiere ich in physisches Gold?

Man kann sowohl in Goldbarren als auch in Goldmünzen investieren. Es ist dabei zu beachten, dass, je kleiner die Einheit und je aufwendiger die Münzprägung ist, desto höhere Kosten mit der Goldtransaktion verbunden sind. Die in Kinofilmen so oft gezeigten 12,5 kg-Barren, welche zum Beispiel in JAMES BOND-Abenteuern eingesetzt werden, sind nur als reine Industriebarren zu haben und nicht für den privaten

Verbraucher zu bekommen. Daher ist der ein 1 kg-Barren das größte und aus Kostengründen das sinnvollste Investment in physischem Gold. Goldmünzen sollten in einem Verhältnis von ca. 20% dem Goldbestand beigefügt werden. Dabei sind zum Beispiel auch alte Goldmünzen wie die **Kaiserreich-20-Mark-Münzen** eine denkbare Alternative.

**Die größte Goldmünze der Welt**

Die größte Goldmünze der Welt kommt aus Australien und wiegt eine Tonne. Sie hat einen Durchmesser von 80 cm und ist 12 cm dick. Sie zeigt das australische Känguru als Prägung. Rein theoretisch wäre die Münze in Australien gesetzliches Zahlungsmittel, wenn sich dies auch praktisch nur schwer umsetzen lässt.

## Wie kauft man eigentlich Gold?

Dies ist in der Regel sehr unkompliziert: durch einen Anruf bei der Bank. Große Filialen und Banken haben immer gewisse Goldbestände auf Lager. Sollte dies nicht der Fall sein, kann jede Bank diese bestellen und dann an den Kunden ausliefern. Der Kauf wird ähnlich einem Sortenkauf (Kauf von fremden Währungen) abgewickelt. Der Kunde erhält dabei von der Bank eine Kaufabrechung und die Edelmetalle ausgehändigt.

**Goldener Abschied von der D-Mark**

Anlässlich des Abschieds von der D-Mark wurde in Deutschland 2001 eine Gedenkgoldmünze geprägt. Es handelt sich dabei um eine in Gold gefertigte 1-DM-Münze.

## Kann ich das Gold auch zuhause aufbewahren?

Natürlich! Es ist nicht vorgeschrieben, dass das Gold in einem Banksafe verwahrt werden muss. Es besteht auch die Möglichkeit, das Gold mit nach Hause zu nehmen und dort zum Beispiel in einem Safe zu verwahren. Dabei ist jedoch zu beachten, dass gegebenenfalls eine Versicherung dafür anzuraten ist. Es gibt auch so genannte Edelmetalldepots, wo professionelle Edelmetallverwalter die Verwahrung des Familienschatzes übernehmen. Dabei wird lediglich die Verwahrung und Verwaltung der Bestände übernommen. Der Investor selbst bleibt Inhaber der Edelmetalle und kann jederzeit darüber verfügen. Welche der Alternativen für die persönliche Situation am ehesten infrage komme, muss jeder Investor selbst entscheiden.

Es sind bei einer solchen Entscheidung folgende Punkte zu beachten:

- Wie schnell komme ich an mein Gold heran?
- Gibt es im Krisenfall eine Möglichkeit, an das Gold zu kommen?
- Welche Dienste werden für mich übernommen?
- Welche Kosten entstehen für mich?
- Was könnte gegen eine solche Verwahrung sprechen?

## Kann ich das Gold auch wiederverkaufen?

Ja, jede Bank kauft das Gold auch wieder zurück. Der Rückkauf funktioniert wie der Kauf auch am Schalter der Bank. Dabei bekommt der Kunde den Goldankaufkurs. Der Goldankauf und Verkaufskurs unterscheiden sich etwas. Man spricht von der „**Geld-Brief-Spanne**“. Dies ist ähnlich wie bei Wertpapieren. Auch hier sind diese Spannen vorhanden. Die Differenz zwischen Bankankaufskurs und Kundenverkaufskurs ist die Marge der Bank, welche diese als ihren Gewinn aus diesem Geschäft verbuchen kann. Diese Gewinnmargen sind nicht sehr hoch, werden jedoch als Ertragsanteil aus dem Edelmetallgeschäft bei der Bank angesehen.

**Die bekanntesten Goldmünzen**

| | |
|---|---|
| **American Gold Eagle** | USA, 1/10 bis 1 Unze |
| **Britannia** | Großbritannien, 1/10 bis 1 Unze |
| **Goldmark** | Deutschland bis vor dem Ersten Weltkrieg |
| **Krugerrand** | Südafrika, 1/10 bis 1 Unze |
| **Maple Leaf** | Kanada, 1/20 bis 1 Unze |
| **Goldvreneli** | Schweiz, 10, 20, 100 Franken |
| **Helvetia** | Vorgänger des Goldvreneli |
| **Nugget** | Australien, ½ Gramm bis 1 kg |
| **Panda** | China, 1/20 bis 1 Unze |

## Wie groß ist eigentlich ein physischer 1 kg-Goldbarren?

Dieser ist vergleichbar mit einer kleinen Tafel Schokolade oder dem aktuellen iPhone der Firma Apple. Auch die Höhe trifft in etwa zu. Dabei ist jedoch zu beachten, dass diese kleine Tafel 1 kg wiegt. Dies kommt aufgrund der hohen Dichte von Gold zustande.

# 10 Gold für wertpapieraffine Investoren

Alternativ zum Investment in physisches Gold gibt es viele Anlagevehikel, welche Gold als Basiswert (im Fachjargon *Underlying*) haben. Nachfolgend werde ich die „gängigsten" kurz aufzeigen. Dabei ist zu beachten, dass diese im Vergleich zu Gold eine komplett andere Volatilität aufweisen können. Ebenfalls ist zu beachten, dass nicht jeder Investor, welcher zum Beispiel Goldmünzen als Liquiditätsschutz kauft, auch derivative Instrumente auf Gold handeln sollte.

**Gold ist Investors Best Friend ...**

1.600 Milliarden US-Dollar privates Kapital sind[46] in Barren und Münzen angelegt. Des Weiteren schreibt das Blatt, dass einem Goldverkäufer acht Goldkäufer gegenüberstehen. Der Grund für diesen Run auf das Edelmetall ist in den niedrigen Bonitäten der Anleihen-Emittenten zu finden. Hier ist die Gefahr eines Zahlungsausfalls gestiegen. *Der sichere Hafen wird in Krisenzeiten immer angesteuert.* Dabei muss einem jedoch klar sein, dass auch Gold einer Volatilität und einem Marktpreisrisiko unterliegt. Es ist somit kein risikoloses Investment.

[46] Vgl. Wirtschaftswoche 13/2012

## Gold-ETC

Bei einem ETC handelt es sich um einen **Exchange Traded Commodity**, also ein börsengehandeltes Rohstoffderivat. Diese erfreuen sich wachsender Beliebtheit, da sie preisgünstig zu handeln sind. Die ETC werden an der Börse gekauft und als ganz klassisches Wertpapier im Depot verwahrt.[47] Der Investor bekommt folglich ein Wertpapier eingebucht und keine physische Goldposition, wie dies zum Beispiel bei einem physischen Goldkonto der Fall wäre. Er kann mittels dieser ETC-Lösung auf ein Steigen des Goldpreises und dadurch auch ein Steigen des ETC setzen. Da die ETC so einfach zu handeln sind wie eine Aktie, kann der Investor jederzeit ein- und aussteigen. Er kann Stop Loss Limits setzen und auf technische Tradingmarken mit Limit reagieren. Diese Flexibilität ermöglicht es auch, kleineren Investoren Strategien aufzubauen, welche sonst nur mit einem deutlich höheren Volumen machbar sein würden. Die ETC sind artverwandt mit den ETF den **Exchange Traded Funds**. Da in der öffentlichen Darstellung die beiden Begriffe oft miteinander vermischt werden, wird in der Berichterstattung oft keine Abgrenzung gemacht.

Die Emittenten[48] haben die Möglichkeit, diese ETC auf verschiedene Art und Weise zu konzipieren und aufzubauen. Welche Konstruktionsweise gewählt wird, kann der Investor nicht beeinflussen und sollte sich daher über den Emittenten informiert halten.

---

47 Sonderform einer Inhaberschuldverschreibung des Emittenten

48 Als Emittenten werden die ausgebenden Finanzintermediäre bezeichnet, welche das Produkt entwickeln, auflegen und betreuen. Jedes begebene Zertifikat unterliegt dem Adressenausfallrisiko des Emittenten und ist somit direkt an dessen Bonität gebunden.

## Vollsynthetisch

Bei dieser Variante wird kein Gramm Gold gekauft. Die Performance des Goldpreises wird komplett über einen **Performance-Swap** in den ETC eingebracht. Dabei ist ein Swap ein bilaterales OTC-Derivat[49], welches lediglich die Performance einbringt, jedoch in keiner Art je das Gold gehandelt hat. Der ETC ist komplett synthetisch aufgebaut und es wurde für diesen keine physische Hinterlegung vorgenommen. Vorteil ist, der ETC hat wenig Kosten und ist einfach aufzubauen. Großer Nachteil ist das Risiko, in Wirklichkeit kein Gold zu besitzen und im Falle eines Problems das Kontrahentenrisiko zu tragen. Dieses wird i.d.R. über einen Sicherheitenpool ausgeschlossen bzw. über das Central Counter Party Clearing (CCP) abgewickelt und damit eliminiert.

## Teilsynthetisch bzw. teilreplizierend

Bei diesen ETC werden Teile über den Swap (wie im obigen Beispiel erklärt) abgedeckt und Teile über eine Einlage in physischem Gold. Es handelt sich hierbei um eine Mischform. Diese wird oft aus Kosten- und Abwicklungsgründen gewählt.

---

[49] OTC bedeutet Over The Counter; es ist ein bilaterales individuelles Finanztermingeschäft zwischen zwei Parteien, welches ohne Einbezug einer Börse abgeschlossen wurde. Diese OTC-Derivate werden auf der Grundlage des ISDA-Masteragreement abgeschlossen und unterliegen dem Counterparty-Risk der Gegenpartei.

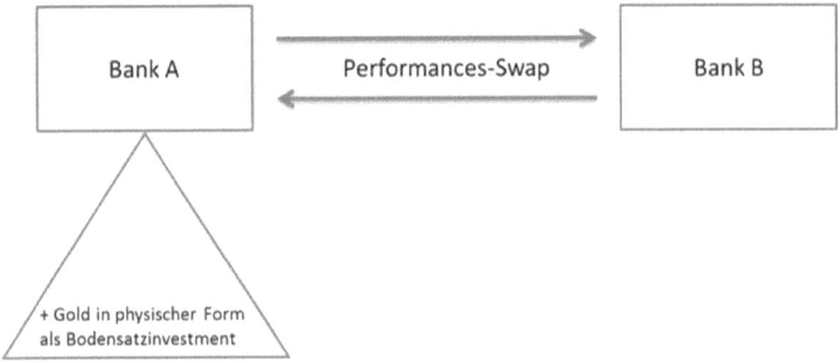


Abbildung 11: Performance-Swap (schematische Darstellung) sowie physische Position auf Gold (als Bodensatzinvestement für den ETC)

## Vollreplizierend / hinterlegte ETC

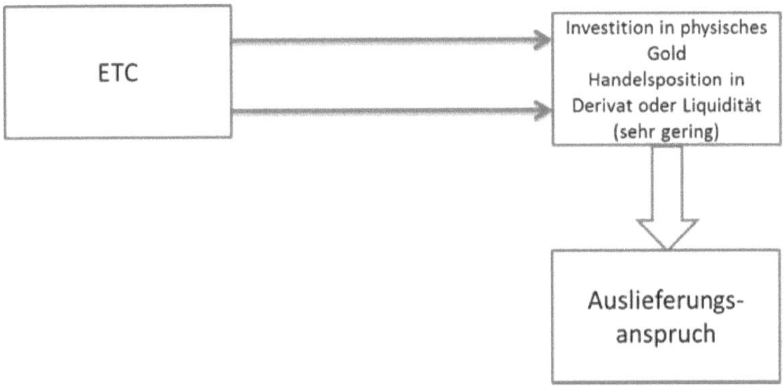


Abbildung 12: Physisch unterlegter ETC mit Auslieferungsanspruch

Hier wird das Geld wirklich komplett in Goldbarren investiert. Es besteht ein Auslieferungsanspruch gegenüber dem Emittenten. Dieser wird bei Wunsch Gold liefern. Große Emissionshäuser veröffentlichen ständig Berichte, denen zu entnehmen ist, wie groß der derzeitige Bestand an physischem Gold tatsächlich ist. Der Investor kann somit nachvollziehen, ob das Gold wirklich da ist und der Auslieferungsanspruch erfüllt werden kann. Dies ist die konservativste Investitionsart in ETC. Es bringt nichts, sich in einem Investment sicher zu fühlen, welches eigentlich kein Gramm des Underlyings selbst in sich führt.

**Goldfakten – Eine Zahl spricht mehr als tausend Worte**

Nach Aussagen des World Gold Council von 2009 gibt es oberirdisch ca. 166.600 Tonnen Gold. Bei einem Goldpreis von 1.750 US-Dollar pro Unze wären die weltweiten Goldreserven insgesamt 9,37 Billionen US-Dollar wert.[50] Dabei fließt ca. die Hälfte aller Goldbestände in die Schmuckindustrie.[51] Ein Fünftel aller Goldreserven liegt in den Tresoren der Zentralbanken, so berichtet das World Gold Council. Dabei zählen die USA, Deutschland und der IWF zu den größten Haltern von Goldbeständen. Wurde früher in Südafrika das meiste Gold abgebaut, so ist seit 2007 China der Hauptproduzent.[52]

50 Berechnung: Spiegel Online

51 Quelle: UBS

52 Quelle: GFMS

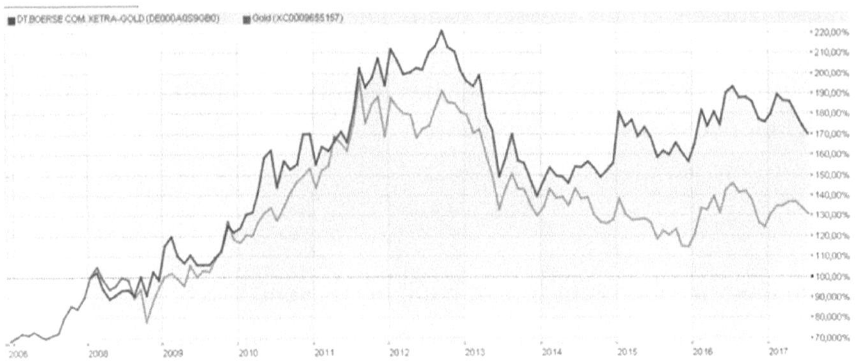


Abbildung 13: Physisches Gold vs. Xetra Gold (ETC) – Performancevergleich[53] (Differenz kommt aus der Währung Euro vs. USD)

Als Beispiel für einen komplett hinterlegten ETC kann man den Marktführer in Europa, **Xetra Gold,** nennen. Dabei handelt es sich um eine zu 100% mit Gold hinterlegte Inhaberschuldverschreibung der DEUTSCHEN BÖRSE COMMODITIES GMBH. Der Handelsstart für Xetra Gold war am 17.12.2007. Die Anleger haben gegenüber dem Emittenten einen Auslieferungsanspruch von physischem Gold, welcher diesen durch Positionen von physischem Gold und kleine Positionen in Buchgold (sonst wäre der Handel nicht machbar) zu jeder Zeit erfüllen kann. Abbildung 13 zeigt den Gleichlauf der beiden Kurse auf. Die Performancedifferenz kommt aus dem Währungsunterschied, da Xetra Gold in Euro und der Goldpreis in USD notiert wird.

Die Lieferung erfolgt pro **Teil-Schuldverschreibung** zu einem Gramm physischem Gold. Durch das Vehikel des ETC ist das physische Gold so fungibel wie eine Aktie und ebenso schnell zu handeln. Der Goldpreis wird nahezu 1:1 abgebildet. Da eine Auslieferung jedoch immer komplex ist,

---

[53] Quelle: Thomson Reuters

sollten Investoren, welche physisches Gold wirklich besitzen wollen, das Investment auch so aufteilen. Ein Teil sollte in physisches Gold und ein Teil sollte in einen ETC, welcher hinterlegt ist, angelegt werden. Mit dieser Portfoliobildung kann der Anleger nochmals eine Risikostreuung durchführen.

Abbildung 14 zeigt kompensiert die Entwicklung der wichtigsten Gold-ETCs in Tonnen zum Goldpreis in US-Dollar seit Anfang 2010. Daraus kann man das Wachstum dieser Produktgruppe deutlich ablesen.

Abbildung 14: Gold ETC in Tonnen vs. Goldpreis in US-Dollar seit 2010[54]

---

[54] Quelle: LBBW Commodity Research, Emittenten

## Reverse Convertible auf Gold

In den Median wurde in den vergangenen Monaten viel über Goldanleihen gesprochen. Diese haben Gold zwar als Underlying, sind insofern vom Goldpreis abhängig, verbriefen jedoch nur in den seltensten Fällen einen Auslieferungsanspruch gegenüber dem Investor. Das Anlageziel ist somit die reine Investition in die Veränderung des Goldpreises. Praktisch werden diese Art von Inhaberschuldverschreibungen mit Zinskupons versehen, die zum Beispiel bezahlt werden, wenn der Goldpreis eine bestimmte Marke nicht unterschreitet. Das Underlying Gold ist somit eher als Gradmesser denn als Investitionsobjekt zu sehen.

**Reverse Convertible und Discountzertifikate**

Bei beiden Zertifikate-Konstruktionen handelt es sich um dasselbe Grundgebilde. Wird bei einem Reverse Convertible ein Kupon nach außen gezeigt, so ist dies bei einem Discountzertifikat der Preisabschlag im Zertifikat selbst. Konstruiert sind beide Varianten gleich. Als Definition gilt: Es handelt sich um Inhaberschuldverschreibungen des Emittenten mit Tilgungswahlrecht denselben.[55]

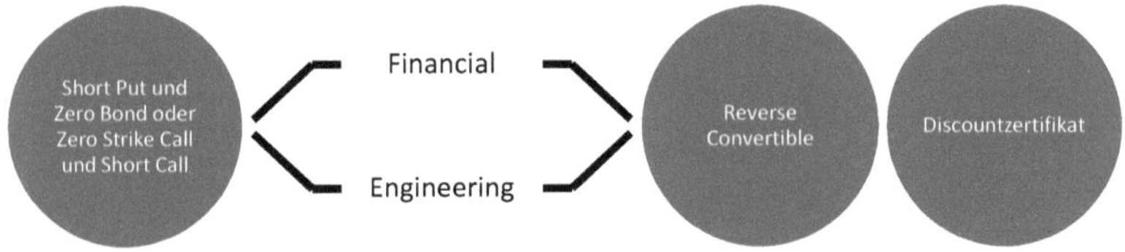


Abbildung 15: Discountzertifikat und Reverse Convertible

---

[55] Vgl. Bloss, Ernst, Häcker, Sörensen: Financial Engineering

## Goldanleihe

Eine Goldanleihe wird wie eine Aktienanleihe auch über Derivate gebaut. Von der Konstruktion sind beide identisch und man spricht von so genannten Reverse Convertibles. Dabei werden entweder ein **Zero Strike Call** (zur Abbildung des synthetischen Underlying) und ein **Short Call** (als Renditekomponente) miteinander kombiniert oder ein **Zero Bond** (Sicherung und Anlage der Liquidität) und ein **Short Put** (Renditekomponente und Entscheidungstrigger für die Rückzahlung). Für beide Varianten gilt, wird die Barriere der Goldanleihe getroffen, erhält der Investor eine Rückzahlung zum aktuellen Goldpreis, folglich also zum Marktpreis. Wird diese nicht getroffen, erhält er die Auszahlung in 100% des von ihm investierten Kapitals. In beiden Fällen erhält er eine Zinszahlung für die Laufzeit der Goldanleihe.[56] Zusammengefasst kann gesagt werden, dass es sich grundsätzlich um eine Inhaberschuldverschreibung des Emittenten handelt, welche mit einem Tilgungswahlrecht ausgestattet ist. Die Barriere in der Goldanleihe repräsentiert dieses Tilgungswahlrecht. Wird diese getroffen, erhält der Investor eine Rückzahlung zum Goldpreis, wird diese nicht getroffen, erhält er sein eingesetztes Kapital zurück. Die Zinskomponente ist nicht variabel und wird folglich immer bezahlt.

Mit einem solchen Derivat kann ein „**Rentenersatzpapier**" dargestellt werden. Da der Investor nicht unmittelbar vom Goldpreis profitiert, ist das Derivat ein reines **Zinsinstrument**. Es ist jedoch darauf zu achten, dass gerade beim

---

56 Diese kommt aus der Renditekomponente: Variante 1: Short Call; Variante 2: Short Put.

Beimischen von solch derivativen Rentenpapieren bei einer gegenläufigen Marktreaktion ein höheres Risiko als bei klassischen Rentenpapieren bestehen kann.

## Goldhebelzertifikat

Hat der Investor bei der Goldanleihe nicht unmittelbar vom Goldpreis profitiert, so macht er dieses bei einem Hebelzertifikat auf Gold. Dieses ermöglicht dem Investor, am Goldpreis, wie der Name schon sagt, mit einem Hebel zu profitieren. Er hat die Möglichkeit, ein Long-Zertifikat zu kaufen, also von einem Ansteigen des Goldpreises zu profitieren, oder er kauft ein Short-Zertifikat und profitiert von einem Fallen des Goldpreises. Beide werden über **Futures** auf den Goldpreis konstruiert. Es sind so genannte verbriefte Futures. Bei realen Futures gibt es eine **Sicherheitenleistung**. Diese wird **Margin** genannt. Bei den verbrieften Futures wird diese durch die Einzahlung (den Kauf) in das Zertifikat gedeckt. Sobald diese aufgebraucht ist (durch eine gegen die Erwartung laufende Marktbewegung), verfällt das Hebelzertifikat wertlos oder annähernd wertlos (zum Beispiel mit 1 Cent Restwert). Man spricht nun vom Knock-out.

Wer die Hebelwirkung unterschätzt oder falsch einschätzt, wird oftmals böse überrascht. Hebelzertifikate sind, wie Futures, Delta-1-Instrumente. Das bedeutet, sie folgen dem Underlying 1:1. Sie sind also absolut Underlying abhängig. Durch das Konstrukt mittels eines Futures sind die Hebelzertifikate jedoch nicht Vega-sensitiv, da keine Option verwendet wird, sondern direkt der Futures-Kontrakt. Sie besitzen somit keine implizite Volatilität, wie dies zum Beispiel Optionen oder auch Optionsscheine tun. Hier spricht man von asymmetrischen Derivaten, während man bei Futures und folglich auch bei Hebelprodukten, welche über einen Future konstruiert werden, von symmetrischen Derivaten spricht.

**Datenblatt für das nachfolgende als Beispiel gewählte Zertifikat**

| | |
|---|---|
| Underlying | Gold |
| Fälligkeit | Open End |
| Knock-out | 1.454,8369 |
| Typ | Bull Zertifikat |
| Hebel | 69 |
| Quanto | Ja |

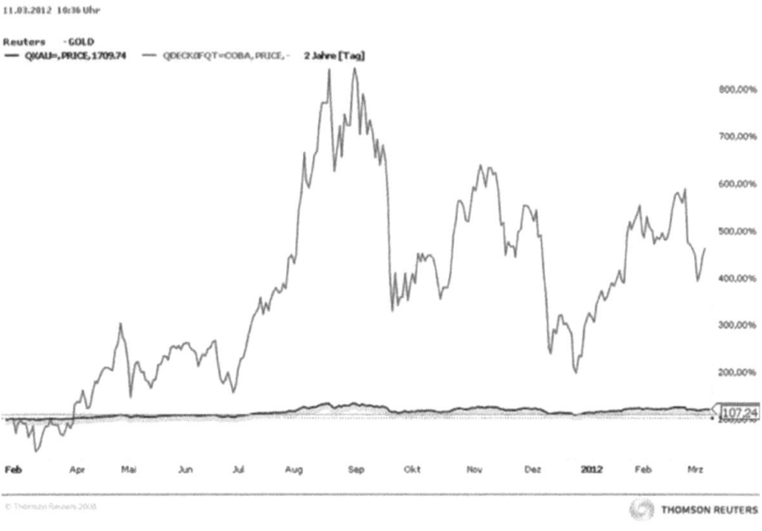


Abbildung 16: Goldpreis (unterer Graph) vs. Hebelprodukt (CK0FQT; Ausrichtung Call; Emittent: Commerzbank; K.O. bei 1.447 US-Dollar p. OZ, quanto)[57]

[57] Quelle: Thomson Reuters

## Delta-1-Gold-Zertifikate

Es muss nicht immer gleich etwas mit einem Hebel sein, wenn man auf einen steigenden Goldpreis setzen möchte. Auch mit so genannten **ungehebelten Delta-1-Produkten** kann man eine gute Performance erreichen, wenn der Goldpreis steigt. Diese verhalten sich 1:1 zum Underlying, jedoch ohne eine Hebelwirkung. Bei den nicht gehebelten Delta-1-Produkten handelt es sich um eine Produktklasse, die den **ETC** sehr ähnlich ist. Der Investor erwirbt mit dem Zertifikat ein Produkt, welches sich genauso wie der Goldpreis verhält. Bei vielen Produkten wird das Währungsrisiko von Euro/US-Dollar durch eine **Quantofunktion** herausgenommen. Nun spricht man von einem Quanto-Delta-1-Produkt auf Gold. Der Investor erfährt nun nur noch isoliert die Entwicklung des Underlying und wird nicht mit möglichen Einflüssen aus der Währung konfrontiert. Wie deutlich der Einfluss der Währung auf die Performance sein kann, sieht man in Abbildung 17, welche den Goldpreis in US-Dollar im Verhältnis zum Goldpreis in EUR in Prozent normiert aufzeigt.

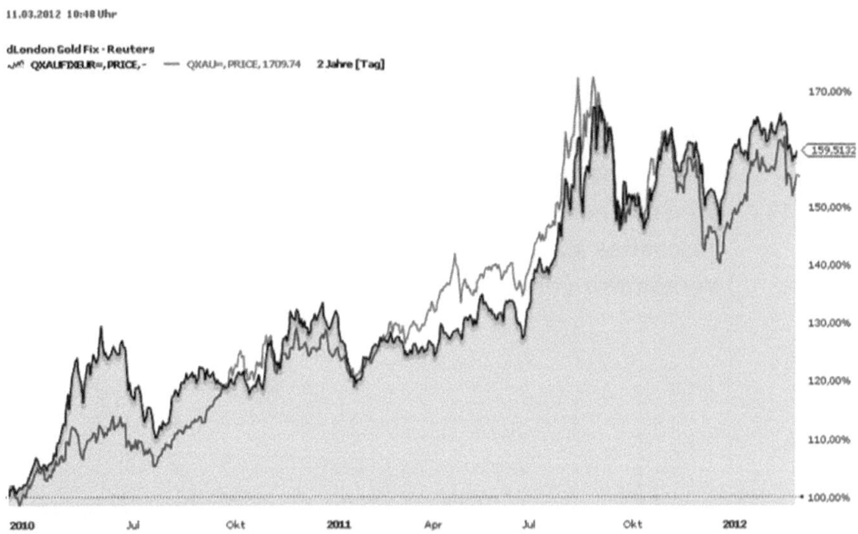


Abbildung 17: Gold in Euro vs. US-Dollar[58]

## Optionen und Futures auf Gold

Auch an den Terminbörsen, wie der **Eurex** in Frankfurt/Main oder der **CME** in den USA, wird Gold als Underlying auf viele Produkte gehandelt. So ist zum Beispiel der Handel von Optionen und Futures auf Gold möglich. Den Investoren wird damit die Möglichkeit gegeben, aktiv auf ein Steigen oder Fallen des Goldpreises zu setzen oder bestehende Positionen abzusichern. Dabei sind sowohl ein physisches Settlement wie auch ein Cash-Ausgleich möglich.

[58] Quelle: Thomson Reuters

**Sicherheitenhinterlegung für Termingeschäfte**

Für jedes abgeschlossene unbedingte Termingeschäft muss an der Terminbörse eine Sicherheit hinterlegt werden. Diese soll die Erfüllung bzw. die im Worst-Case-Szenario auftretenden Kosten zum Beenden des Termingeschäftes abdecken. Abbildung 18 zeigt den Goldpreis im Verhältnis zu den Marginanforderungen auf.

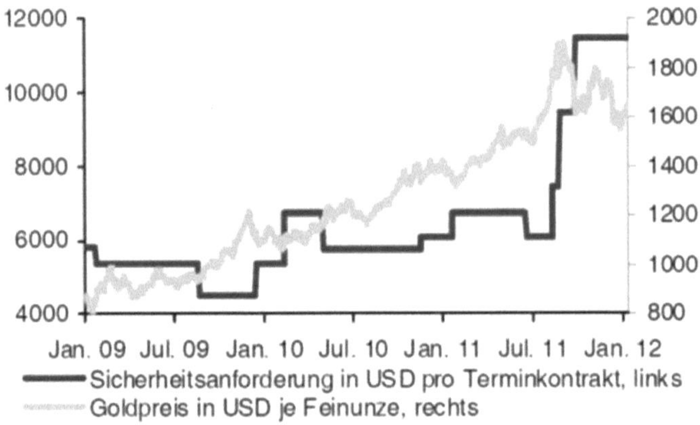


Abbildung 18: Marginanforderung vs. Goldpreis in US-Dollar[59]

Gerade diese große Flexibilität und die Möglichkeit, Risikopositionen aktiv auf andere Marktteilnehmer zu übertragen, machen Termingeschäfte auf Gold so interessant. Es besteht nun die Möglichkeit, sich gegen Veränderungen des Marktpreises abzusichern oder diese aktiv in Kauf zu nehmen und darauf zu spekulieren. Da der Future gegenüber dem Underlying ein Delta von 1 aufweist, reagiert dieser

---

[59] Quelle: Commerzbank AG

genauso wie das Spotinvestment. Diesen Zusammenhang zeigt auch Abbildung 19 auf.

Abbildung 19: Gold Spot-Preis vs. Gold Futures an der Eurex[60]

**Was ist eigentlich eine Terminbörse?**

Eine Terminbörse ist ein Handelsplatz, an dem Termingeschäfte (bedingte und unbedingte Termingeschäfte) abgeschlossen werden. Es handelt sich um einen Marktplatz für Börsenteilnehmer (Hedger), welche ihre Risiken auf einen anderen Börsenteilnehmer (Spekulanten) übertragen wollen. Dabei unterscheidet man bei den gehandelten Termingeschäften zwischen Optionen und Futures.

---

[60] Quelle: Thomson Reuters

Die ersten Terminbörsen entwickelten sich im Rohstoffmarkt. Grund hierfür war, dass man Risiken absichern wollte. Viele Waren wurden auf dem unsicheren Seeweg transportiert und man konnte nicht sein ganzes Hab und Gut verloren wissen, wenn das Schiff den Zielhafen nicht erreichte. Heute sind neben diesen Warenterminbörsen auch Finanzterminbörsen am Markt vorhanden. Die Eurex in Frankfurt/Main ist eine der führenden Terminbörsen und bietet neben den klassischen Finanztermingeschäften auch Kontrakte auf Edelmetalle wie Gold an.

Übrigens, nur durch Termingeschäfte sind viele Produkte auf Gold überhaupt möglich. Daher sind die Terminbörsen und die OTC-Derivate-Märkte von großer Wichtigkeit für alle Investoren, nicht nur für diese, die dort direkt engagiert sind.[61]

Das Anlageobjekt Gold bekommt in diesem Zusammenhang einen ganz neuen Investitionsplatz zugewiesen. Dient es in physischer Form zur Absicherung des Gesamtvermögens und zur Sicherung der Liquiditätsvorräte, so ist es als Underlying selbst zum Spekulationsobjekt geworden. Die Gegenseite einer jeden Spekulation ist das Grundbedürfnis eines Investors, sich absichern zu wollen. Diesem Grundbedürfnis des Menschen, dieses ist so alt wie die Menschheit selbst, kommen die derivativen Instrumente vollumfänglich nach. Die Goldderivate sind kein – wie oft in der Öffentlichkeit dargestellt – reines Spekulationsobjekt. Ganz im Gegenteil, für jede Spekulation gibt es immer eine Gegenseite, welche sich absichern möchte. Es handelt sich somit um eine Patt-Situation zwischen risikoaversen und risikoaffinen Investoren.

---

61 Vgl. Bloss, Ernst, Häcker, Sörensen: Financial Engineering

| Spezifikation | Eurex Gold Future | Eurex Gold Options |
|---|---|---|
| Kontraktgröße | 100 oz | 100 oz |
| Erfüllung | Barausgleich | Barausgleich |
| Laufzeit | bis zu 36 Monate | bis zu 60 Monate |
| Letzter Handelstag | 3. Freitag im Monat | 3. Freitag im Monat |
| Ausübung | -- | europäisch |
| Prämie | -- | In voller Höhe in US-Dollar am auf den Handelstag folgenden Börsentag zu bezahlen (kein Future Style Margining) |

Auch in den USA werden Futures auf Gold rege gehandelt. Beim **COMEX miNY Gold Future** (CME) handelt es sich um einen der liquidesten Futures, welcher sich auch durch seine nicht sehr große Kontraktgröße auszeichnet.

| Name | Börse | Verfall | Geld | Brief | Kurs | Kurszeit | Settlement | Geh. Stück | Op. Int. |
|---|---|---|---|---|---|---|---|---|---|
| E mini Gold AUG7 | New York Waren | 27.07.2017 | 1205,00 | 1221,25 | 1212,25 | 07.07. 22:59 | 1209,7 | 457 | 582 |
| E mini Gold OCT7 | New York Waren | 27.09.2017 | 1207,00 | 1233,00 | 1213,50 | 07.07. 21:46 | 1213,3 | 46 | 52 |
| E mini Gold DEC7 | New York Waren | 28.11.2017 | 1204,00 | 1249,25 | 1218,00 | 07.07. 17:01 | 1216,9 | 8 | 32 |
| E mini Gold FEB8 | New York Waren | 29.01.2018 | | 0,00 | 1234,00 | 06.07. 17:08 | 1220,4 | 0 | 13 |
| E mini Gold APR8 | New York Waren | 27.03.2018 | | 0,00 | 1237,50 | 22.06. 14:20 | 1223,8 | 0 | 1 |
| E mini Gold JUN8 | New York Waren | 29.05.2018 | | 0,00 | 1241,00 | 05.07. 07:58 | 1227,4 | 0 | 6 |
| E mini Gold AUG8 | New York Waren | 27.07.2018 | | 0,00 | 1244,75 | | 1231,1 | 0 | 0 |
| E mini Gold OCT8 | New York Waren | 26.09.2018 | | 0,00 | 1248,75 | 19.06. 14:29 | 1234,7 | 0 | 1 |
| E mini Gold DEC8 | New York Waren | 28.11.2018 | | 0,00 | 1252,75 | | 1238,5 | 0 | 0 |
| E mini Gold FEB9 | New York Waren | 29.01.2019 | | 0,00 | 1256,50 | | 1242,2 | 0 | 0 |

Abbildung 20: Übersicht der COMEX miNY Gold Futures und deren Arbitragepreisübersicht[62]

---

[62] Quelle: Thomson Reuters

| Spezifikation | COMEX miNY Gold |
|---|---|
| Kontraktgröße | 50 oz |
| Erfüllung | Barausgleich |
| Laufzeit | bis zu 24 Monate (bei 100 oz) |
| Letzter Handelstag | -- |
| Ausübung | -- |
| Prämie | -- |

Der Handel in Optionen und Futures sollte nur von erfahrenen Investoren vorgenommen werden. Gerade hier sind das gehandelte Volumen und die Komplexität der Instrumente zu beachten. Ist ein Investor jedoch daran interessiert und zumindest in den Grundzügen ausgebildet, ist durch das richtige Beimischen dieser Positionen eine sinnvolle Depotallokation zu generieren. Dabei ist die Angemessenheit der Positionen im Verhältnis zum bestehenden Portfolio zu beachten. Auch sollte ein „in Reihe schalten" von ähnlichen Instrumenten, wie zum Beispiel Future an der Eurex und Hebelzertifikat, vermieden werden. Es handelt sich um dieselbe Grundintention, welche der Anleger in zwei verschiedene Instrumente überträgt. Aus Diversifikationsüberlegungen gegenüber dem Kontrahentenrisiko ist dies gegebenenfalls machbar, sollte jedoch niemals aus Investitonsgründen vollzogen werden, da das Risiko in den Positionen additiv zu sehen ist. Hat ein Investor Sorgen um das Kontrahentenrisiko (z.B. weil dieser nicht so Bonitätsstark ist, oder die Transaktion nicht über ein externes Central Counterparty Clearing abgewickelt werden kann), so ist die Wahl des Futures an der Terminbörse tendenziell immer besser, da hier über das **Central Counterparty Modell (CCP)** diese Risiken ausgeschaltet werden. Dies bedeutet, dass die Clearingstelle der Terminbörse für alle offenen Geschäfte einsteht und als zentraler Gegenpart fungiert. Somit hat man kein Adressenausfallrisiko der Gegenseite bzw. kann dieses (in Form des CCP) besser quantifizieren.[63]

## Goldminenaktien

Auch ein Investment in **Minenaktien** kann durchaus eine Überlegung wert sein. Denn gerade die Produzenten profitieren von steigenden Goldpreisen bzw. können bei diesen z.B. höhere Margen durchsetzen. Bei den Minenaktien ist zu beachten, dass diese einem Trend tendenziell nachlaufen bzw., wie man in der Abbildung 21 sieht, dass ein Minenwert zwar eine Korrelation mit dem Goldpreis aufweist, dennoch unterschiedliche Performances möglich sind. Eine Aktie ist und bleibt eine Aktie, also ein Unternehmenswert mit all den Chancen aber auch Risiken. Wirtschaftet ein Unternehmen nicht gut, so wird die Aktie auch bei einem steigenden Goldpreis nicht profitieren. Denn einer Unternehmensbeteiligung liegen die dem Unternehmen verbundenen Gegebenheiten und Einflüsse zu Grunde. Hier entscheiden Unternehmensgewinne, Zukunftsaussichten und Dividendenzahlungen über die Entwicklung.

---

[63] Vgl. Bloss, Ernst, Häcker, Sörensen: Financial Engineering

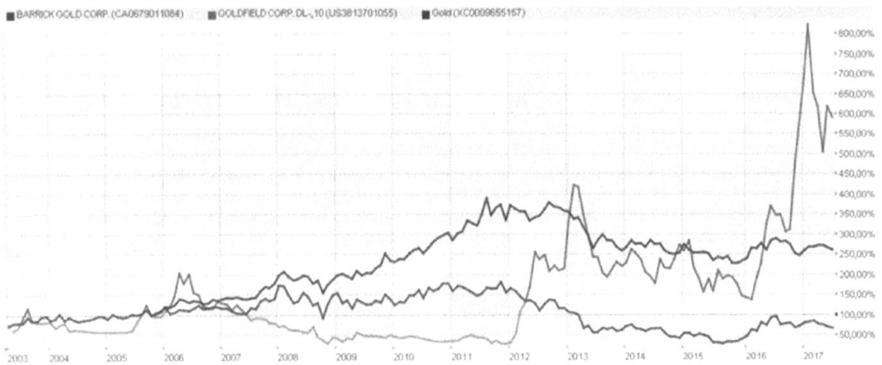


Abbildung 21: Barrick Gold, Goldfields vs. Goldpreis normiert dargestellt[64]

Dies liegt oft daran, dass die Ertragswirksamkeit erst nach dem Anstieg des Rohstoffes für die Minenbetreiber sichtbar wird. Des Weiteren ist unbedingt darauf zu achten, ob die Minengesellschaft einen **Grenzkostensatz** hat, der sich in der **Peer Group**[65] befindet. Ist dieser teurer, wird das Unternehmen es schwerer haben, Geld zu verdienen, als ein Vergleichsunternehmen mit einem geringeren Grenzkostensatz. Eine ebenfalls nicht zu unterschätzende Komponente ist, ob das Unternehmen das gewonnene Gold bereits auf Termin zu einem im Vorfeld festgelegten Preis verkauft hat (**Forwardhedge**). An sich ist gegen solche Transaktionen nichts einzuwenden, es muss jedoch beachtet werden, dass das Unternehmen bei steigenden Preisen von diesen nur noch bis zum vereinbarten Terminkurs profitiert.

---

64 Quelle: Thomson Reuters

65 Vgl. Spreemann, Klaus: Finance

Gerade gegenüber Mitbewerbern, die dies nicht gemacht haben, könnte die Aktie relativ verlieren, da die Gewinnaussichten für das Unternehmen nicht unbegrenzt sind.

Es lohnt sich, auf stets ein Blick auf den **NYSE Arca Gold BUGS Index** vs. den **physischen Goldpreis** zu legen. Der im Jahr 1986 aufgelegte NYSE Arca Gold BUGS Index, auch **HUI Index** genannt, ist ein breit gefächerter Goldminenindex. Dabei sind nur solche Minenwerte enthalten, welche sich nicht durch Forwardhedges auf Preisänderungen abgesichert haben. Die Entwicklung des Goldpreises schlägt auf diese Unternehmen deutlicher durch und daher ist die Aussagekraft höher. An diesem lässt sich die Entwicklung der Minen gut ablesen. Setzt man ihn ins Verhältnis zur Feinunze Gold, ergibt sich eine Trendaussage. Im Fünfjahreschart lag der Goldpreis deutlich über den Minenwerten. Doch dies ändert sich in der längeren Betrachtungsweise.

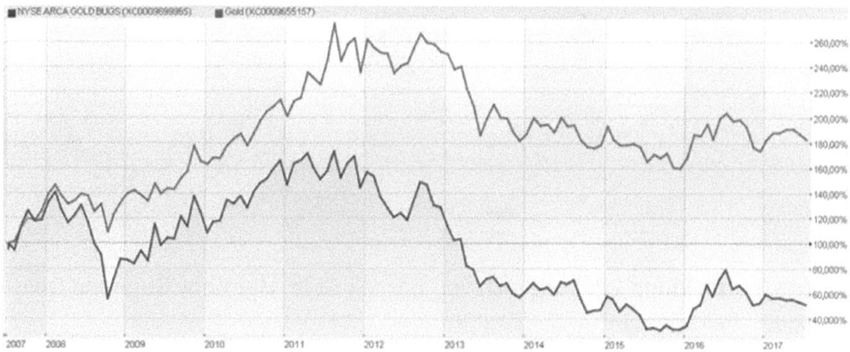


Abbildung 22: NYSE Arca Gold BUGS Index (unterer Graph) vs. Goldpreis (oberer Graph) in US-Dollar 10 Jahre[66]

[66] Quelle: Thomson Reuters

Ein sehr spannender Bereich ist die Bewertung der Bodenschätze von Minenunternehmen. Hier bedient man sich oft der **Realoptionsmethode.**[67] Durch dieses Verfahren wird eine Aussagekraft über die zukünftige Ertragskraft des Unternehmens abgeleitet. Denn hat ein Unternehmen viele und große werthaltige Bodenschätze, ist dies höher zu bewerten als wenn dies nicht der Fall sein sollte. Wie unterschiedlich sich einzelne Minenwerte bewegen können, ist der Abbildung 23 zu entnehmen. Dort werden drei unterschiedliche (exemplarische) Minenwerte als Vergleich aufgeführt.

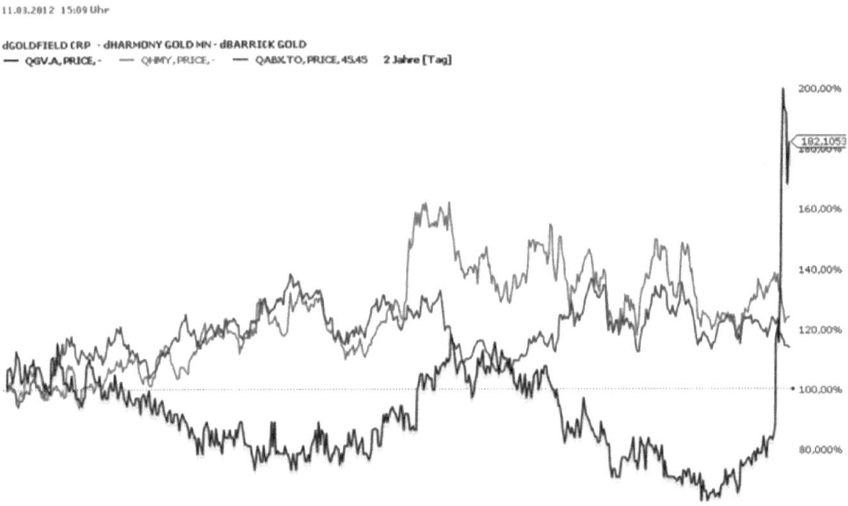


Abbildung 23: Vergleich von Barrick Gold, Harmony Gold und Goldfields[68]

[67] Vgl. Bloss, Ernst, Häcker, Sörensen: Financial Engineering

[68] Quelle: Thomson Reuters

**Die fünf größten Goldminen der Welt**[69]

Platz 1:
Grasberg Goldmine in Papua, Indonesien
Betreiber: Freeport-McMoRan Copper & Gold
Fördermenge 2010: 2.025.000 Unzen Gold

Platz 2:
Muruntau Goldmine in Zarafshan, Usbekistan
Betreiber: Navoi Mining und Metallurgical Combinat (NMMC)
Fördermenge 2010: 1.800.000 Unzen Gold

Platz 3:
Carlin Goldmine in Carlin (Nevada), USA
Betreiber: Newmont Mining
Fördermenge 2010: 1.735.000 Unzen Gold

Platz 4:
Yanacocha Goldmine in Cajamarca, Peru
Betreiber: Newport Mining
Fördermenge 2010: 1.460.000 Unzen Gold

Platz 5:
Goldstrike Goldmine in Elko (Nevada), USA
Betreiber: Barrick Gold
Fördermenge 2010: 1.240.000 Unzen Gold

Da für viele, vor allem private Investoren die Auswahl der geeigneten Minenaktien nur schwer umsetzbar ist, ist ihnen anzuraten, in einen großen und gut gemanagten Minenfonds zu investieren anstatt in Einzelminenwerte. Das Management wird hier von der Fondsgesellschaft übernommen und

69 Quelle: Barrick Gold, Newcrest Mining, Rio Tinto, Infomine.com, IBTimes

diese trifft auch die Einzelwertauswahl. Meist sind nicht nur Banker als Fondsmanager, sondern **Geologen** und **Geophysiker** daran beteiligt, welche eine deutlich tiefere Aussage über die jeweiligen Unternehmen treffen können. Gerade in so komplexen Anlageentscheidungen kann dies von entscheidendem Vorteil sein. Diese Fonds gibt es in einer klassischen währungsungesicherten Trance und oft auch in einer **Quanto-Variante** (vgl. Abbildung 24), bei der das Währungskursrisiko eliminiert worden ist. Der Investor trifft mit dem Kauf eines solchen Fonds nur die Entscheidung über die Investition in die Branche bzw. Fondsausgestaltung. Die Einzelwertinvestition übereignet er einem aktiven und professionellen Management, welches er im Vorfeld beurteilen muss. Es ist hier anzuraten, Vergleiche der einzelnen Fondsanbieter zu ziehen und diese sowohl qualitativ wie auch quantitativ zu prüfen.

Eine Vergleichsrechnung sollte fünf Jahre nicht unterschreiten und es sollten auch die weichen Faktoren, wie Aufstellung der Fondsgesellschaft und Ausbildung der Mitarbeiter betrachtet werden. Das Fondsvolumen sollte im Vergleich zur Peergroup nicht geringer sein und die im Fonds beinhalteten Strategien sollten vollumfänglich transparent sein. Ein Blackboxinvestement ist abzulehnen, da der Investor sich weder über die Strategie noch über die Instrumente ein Bild machen kann und sein Geld in nicht nachvollziehbare Strategien investiert.

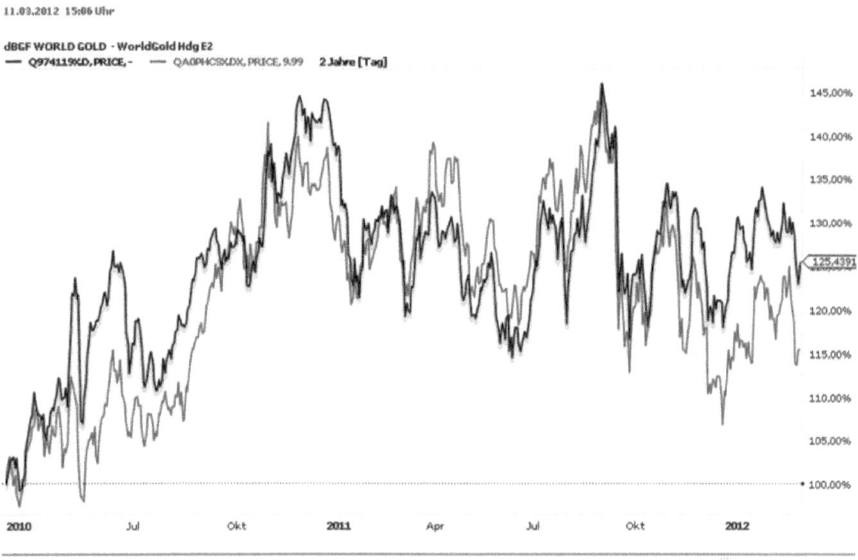


Abbildung 24: BlackRock World Gold Fund vs. Quanto-Variante desselben Fonds[70]

Wie stark die Korrelation der Minenwerte im Vergleich zum Goldpreis ist, kann man erkennen, wenn man die beiden Produkte in einem Graphen zueinander laufen lässt. Dabei ist es wichtig, dass beide Werte in US-Dollar abgebildet werden.

[70] Quelle: Thomson Reuters

**Datenblatt zum als Beispiel herangezogenen BlackRock World Gold Fund**[71]

| Name | BR World Gold Fund |
|---|---|
| Typ | Aktienfonds |
| Quanto | nein (jedoch verfügbar) |
| Investition | 93,30 in Edelmetallaktien<br>4,10 in Sonstiges<br>2,10 Liquidität |
| Länderstruktur | 56,30 Nordamerika<br>14,90 Europa<br>9,70 Südamerika<br>Rest |
| Top Holdings | Newcrest Mining<br>Goldcorp<br>Fresnillo<br>Randgold Res. |

71 Quelle: BlackRock Stand 2/2012

Abbildung 25: Goldpreis (oberer Graph) vs. BlackRock World Gold Fund (unterer Graph)[72]

Was Abbildung 25 ebenfalls zeigt, ist, dass die Minenwerte bis zum Ausbruch der Griechenlandkrise den Goldpreis *outperformt* haben. Mit dem Umschalten der Märkte in den „Krisenmodus“ hat sich dies geändert und der Goldpreis konnte sich absetzen. Die Korrelation bleibt jedoch bestehen. Daraus lässt sich ableiten, was auch für ein Investment in Einzelminenwerte gilt, dass in Krisenzeiten zwar die Aktie als Substanzwert gesehen wird, jedoch auch immer mit einem gewissen Angstfaktor im Markt behaftet ist und daher tendenziell etwas schwächer laufen kann als der Goldpreis, welcher hier im aktiven „Krisenmodus“ der Märkte ansteigt.

Es ist auch davon auszugehen, dass der Preis pro Feinunze höher stehen würde, wenn der Preis nicht durch gezielte

---

72 Quelle: Thomson Reuters

Verläufe tendenziell zu einem niedrigeren Niveau gezwungen würde. Da solche Operationen immer nur für einen gewissen Zeitraum funktionieren, ist davon auszugehen, dass nach dem Wirkungsende sich der Preis auf das Normalmaß erhöhen wird. Ziel solcher Operationen ist es, für politische Entscheidungen Zeit zu gewinnen, welche man sonst nicht hätte bzw. von den Märkten anders interpretiert bekommen würde.

Wie Sie erkennen können, ist ein Investment in Gold bei Weitem nicht langweilig oder gar nur etwas für **Buy-and-Hold-Investoren**. Die richtige Strategie für den richtigen Investorentyp macht den Erfolg aus. Denn die Möglichkeiten, welche die derivaten Instrumente für die Investoren bieten, machen eine Anlage in Gold ebenso interessant und komplex wie andere Anlageinstrumente. Gerade die Krisen der vergangenen Jahre haben vielen Investoren deutlich gezeigt, dass man sich für alle Richtungen offenhalten muss und dass ein Investment in Gold nicht nur etwas für die Ewiggestrigen ist, sondern vielmehr aktueller ist als je zuvor. Egal ob als physischer Goldinvestor, als Unternehmensbeteiligung in Form von Minenwerten oder im derivativen Bereich, Gold bietet viele Möglichkeiten zur Investition. Dabei gilt es jedoch wie bei jeder Investitionsentscheidung, keine **Klumpenrisiken** aufzubauen und sich mit der Investitionsart umfänglich zu beschäftigen. Ausgehend von einem klassischen Portfolioaufbau muss sich der Investor dabei die Frage stellen, wie viel Risiko er tragen möchte und wie intensiv er sich mit seinen Investments beschäftigen will.

Erst wenn er bereit ist, Zeit zu investieren, ist über ein Investment in physisches Gold hinauszugehen. Denn die meisten dieser Investitionsmöglichkeiten benötigen zumindest einen gewissen Anteil an Aufmerksamkeit. Eine Aufmerksamkeit, die über das „Weh und Wohl“ des Investments entscheiden kann. Vor allem, wer derivative Positionen handelt, wird nicht umhinkommen, sich zeitintensiv um diese zu kümmern oder das Management zu delegieren (z.B. in Form einer Vermögensverwaltung). Wer eher eine **Buy-and-Hold-Strategie** verfolgt, ist mit Aktien oder gemanagten Produkten deutlich besser beraten, denn er überträgt die Einzelentscheidung zum Beispiel den Fondsmanagern. Er ist zum Kapitalgeber geworden, ohne aktiv in die Einzelinvestments einzugreifen. Ein solch mandatiertes Geschäft kann sehr vorteilhaft sein, nimmt jedoch die Chance, Opportunitäten selbst auszunutzen und selbst zu handeln.

## Sind die Goldinvestitionen in den vergangenen Jahren angestiegen?

Investments in Gold schwanken in der Gesamtgewichtung immer mit der aktuellen wirtschaftlichen und politischen Weltlage. Haben diese, Anfang der 1980er Jahre noch ca. 50% der Komplettproduktion ausgemacht, so reduzierte sich diese Zahl im Jahr 2000 auf etwas mehr als 5%. Im Jahr 2010 weist das World Gold Council wieder einen Wert von 40% in deren Reporting aus.[73] Diese Schwankungsbreite zeigt, in welchen Maßen in Krisenzeiten in Gold investiert wird bzw. in Phasen der Entspannung, hier speziell des Internetbooms und der aufkommenden **Dotcom-Blase**“ deinvestiert wurde. Es zeigt jedoch auch auf, dass Goldinvestments einer Volatilität unterliegen und daher nicht per se als sicher gelten können. Es ist immer eine Frage des Betrachtungszeitraumes, welcher sich der Investor vorgibt.

---

[73] Quelle: World Gold Council

**Wie viele derivative Goldprodukte gibt es im deutschen Markt?**[74]

| | |
|---|---|
| Optionsscheine | 6.642 |
| Zertifikate | 6.489 |
| Knock-out-Zertifikate | 4.735 |
| Capped Optionsscheine | 397 |
| Exotische Optionsscheine | 152 |
| ETC/ETN | 7 |
| **SUMME** | **18.422** |

**Anlagenspiegel**

**Welchen Risikogehalt haben Goldinvestments und wie kann ich dieses kategorisieren? Wir zeigen dies anhand der nachfolgenden Matrix auf:**

| physisches Gold | Goldzertifikate (ohne Hebelzertifikate und sonstige Knock-out-Derivate) | ETC auf Gold | Goldminen | Goldzertifikate mit Hebel etc. | Goldderivate |
|---|---|---|---|---|---|
| * | ** | ** | *** | **** | ***** |

74 Quelle: RBS Research Frankfurt Datenstand 3/2012

* = Marktrisiko Gold

** = Marktrisiko Gold und Emittenten-Risiko

*** = Marktrisiko Gold resp. Aktienrisiko der Produzenten

**** = Marktrisiko Gold, Emittenten-Risiko und Risiko aus der Struktur (Pay-Off-Risk)

***** = Derivate, welche von unerfahrenen Investoren **nicht** gehandelt werden sollten.

## Gold als Inflationsschutz?

Gold gilt als eine stabile Währung, daher ist auch von einem Inflationsschutz auszugehen. Denn sollte es zu einer Zunahme der Inflation kommen, werden viele Investoren ihre Papiergeldbestände in Gold umtauschen, was den Preis des Edelmetalls ansteigen lässt. Da Gold als einziger sicherer Hafen (**Notgroschenfunktion**) im Bereich der mobilen Investitionsmöglichkeiten angesehen wird, wird es die Funktion erfüllen. Dabei ist jedoch zu beachten, dass es dennoch zu, teilweise zeitlichen, Verschiebungen kommen kann. Außerdem ist Investoren, welche aus Inflationsgründen Gold kaufen, ans Herz zu legen, dies in physischen Beständen und nicht in verbrieften Goldinvestments zu tätigen.

Das Gold ist in solchen Zeiten nicht als Wertzuwachsinstrument gedacht, sondern sichert einen direkten Werterhalt. Die Aufbewahrungsfunktion kommt voll zum Tragen. Historisch ist dies durch die Zeit der Hyperinflation (Deutschland 1914 bis 1923) belegt. In solchen Zeiten staffelt sich das Verlustrisiko. Am höchsten ist es bei Liquidität und Bonds, denn hier handelt es sich um keine Substanzanlagen. So wurden zum Beispiel 1923 die Kriegsanleihen wertlos.

Die anschließende **Währungsreform** bedeutete für die Bonds beinahe einen Totalausfall. Ähnliches galt für Lebensversicherungen und Spareinlagen. Aktienanleger hatten durch die Tatsache, dass eine Aktie ein Teilhabereffekt ist, einen Vorteil. Die Börsen schwankten zwar deutlich, die Unternehmen bestanden jedoch oft fort und die Aktien konnten sich erholen. Auch Grundbesitz und Immobilien waren zum Substanzerhalt geeignet. Jedoch hat auf solche immobilen Gegenstände oft eine Steuer die Freude etwas getrübt. Gold und andere Edelmetalle behielten den Wert und stiegen eher an. Vor der staatlichen Willkür, im historischen Falle dem Goldverbot, ist man jedoch auch nicht geschützt. Sie ist für die Streuung der wichtigste Faktor.

> Die Wirtschaftswoche schrieb in ihrem Artikel: Preisentwicklung und Kaufkraft von Gold im Zeitraum von 1900 bis 2008:[75]
>
> „Bekam man für 1 g Gold 1900 noch 1,49 kg Butter, so waren dies 1923 nur noch 0,50 kg und 2008 6,70 kg. Jedoch bekam man für 1 US-Dollar 1900 noch 1,50 g Gold. 2008 waren dies nur noch 0,04 g"

Die oben zitierte Rechnung zeigt auf, wie stark sich die Kaufkraft verschoben hat. Hieran sieht man auch die realen Verschiebungen, welche schleichend passieren und daher oft als weniger gefühlt am Markt auftreten. Im Vergleich dazu ist die „**gefühlte Inflation**" von Verbrauchsgütern oft höher als die statistisch relevante. Abbildung 26 zeigt den Verbraucherpreisindex für Deutschland und dessen Entwicklung auf. Hieraus lässt sich das Ansteigen der Preise gut ableiten.

---

[75] Vgl. Wirtschaftswoche 13/2012

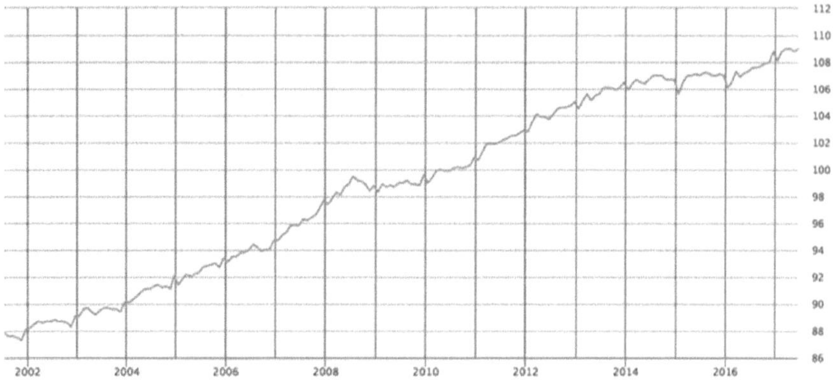


Abbildung 26: Verbraucherpreisindex für Deutschland von 2002 bis 2017 (1. Quartal)[76]

**Die Goldleihe**

Bei einem Goldleihgeschäft werden Goldbestände, wie das Wort schon sagt, verliehen. Dafür erhält der Verleiher vom Ausleiher eine Leihprämie bezahlt. Er darf für die Ausleihfrist über das Gold verfügen und muss es nach dieser wieder zurückgeben. So können auf große Bestände Einnahmen generiert werden. Auch Zentralbanken beteiligen sich an solchen Goldverleihaktionen. In den 1980er Jahren wurde dies häufig gemacht, da der Goldbestand aufgrund des geringen Preises und einer nicht vorhandenen Phantasie keinen Gewinn warf.

Oft haben die Zentralbanken damals das Gold an Geschäftsbanken verliehen, die zum Beispiel das Gold verkauften und dann auf Termin bei Goldproduzenten dieses wieder auf Termin eingedeckt haben. Durch die Zeit bis

[76] Quelle: Thomson Reuters

zur Erfüllung konnten die Banken aus der bestehenden Liquidität Geschäfte abwickeln. Da diese Geschäfte nur in Zeiten von niedrigen Goldpreisen und einer nicht bestehenden Phantasie auf eine Steigerung anwendbar sind, werden diese heute in der Regel nicht durchgeführt. Kritiker der Goldleihe werfen den Teilnehmern Marktpreisverschiebungen vor, da durch die Transaktionen der natürliche Markt aus dem Gleichgewicht kommen würde.

## Welche Rolle wird Gold zukünftig in der Geldanlage spielen?

Diese Frage ist so alt wie das Investieren in Gold selbst. Historisch ist belegt, dass in Phasen des wirtschaftlichen Aufschwunges und in politisch stabilen Zeiten Gold-Investments eher keine bis eine unterrepräsentierte Rolle spielen. Wobei in Zeiten, welche von hohen Risiken und Volatilität geprägt sind, die Investitionen in Gold sprungartig zunehmen. Daher ist auch für die Zukunft davon auszugehen, dass Gold seinen Platz als Investment mit Zukunftsaussicht behalten wird. Jedoch darf nicht vergessen werden, dass Goldinvestitionen oft einmal getätigt und als „Familienschatz" weitergegeben werden. Will ein Investor auf die reine Goldpreisveränderung setzen, so ist er mit anderen Investments, wie Goldprodukte von Emittenten, besser aufgestellt.

Die Frage, ob Gold in der Zukunft immer noch eine Rolle bei der Investition spielt, kann abschließend mit einem klaren *Ja* beantwortet werden.

## Welche Korrelation besitzt Gold?

Korrelieren Gold und Aktien? Viele Jahre konnte diese Frage mit einem klaren *nein* beantwortet werden. Gold und Aktien sind **un-korreliert**. Das gilt größtenteils auch noch heute. Doch aufgrund der internationalen Finanzkrise und der damit verbundenen Liquiditätsenge konnte teilweise eine Zunahme der Korrelation (wenn auch nur in geringem Umfang) festgestellt werden. Mittlerweile hat sich dies wieder gelegt und normalisiert.

Betrachtet man Gold nun in Kombination zu anderen Rohstoffen, so fällt schnell auf, dass Gold und Silber eine hohe Korrelation aufweisen. Dies führt auch dazu, dass Silber oft als das Gold des kleinen Mannes bezeichnet wird.

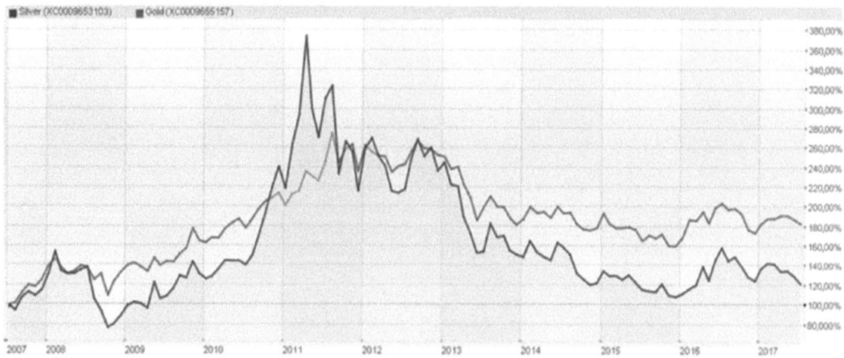


Abbildung 27: Goldpreis (XAU) vs. Silberpreis (XAG) 2007–2017[77]

Es ist darauf zu achten, dass Silber auch ein stark verwendetes Industriemetall ist, welches verbraucht wird. Die geringste Korrelation weist Gold zu HENRY HUB NATIONAL GAS (Erdgas) auf.

---

[77] Quelle: Thomson Reuters

| | Light Sweet Crude Oil | NY Heating Oil | NY Gasoline | ICE Gasoil | Henry Hub Nat. Gas | Corn | Wheat | Soybeans | Sugar No.11 | Coffee | Cocoa | GOLD | Silver |
|---|---|---|---|---|---|---|---|---|---|---|---|---|---|
| Light Sweet Crude Oil | 1 | 0,8022 | 0,7342 | 0,5641 | 0,1482 | 0,3332 | 0,3214 | 0,4246 | 0,3588 | 0,3384 | 0,2756 | 0,2424 | 0,5085 |
| NY Heating Oil | 0,8022 | 1 | 0,8019 | 0,6716 | 0,1234 | 0,2867 | 0,2528 | 0,3961 | 0,3366 | 0,3294 | 0,2834 | 0,2571 | 0,4821 |
| NY Gasoline | 0,7342 | 0,8019 | 1 | 0,5031 | 0,0603 | 0,2419 | 0,2764 | 0,3014 | 0,2902 | 0,3161 | 0,2332 | 0,2491 | 0,498 |
| ICE Gasoil | 0,5641 | 0,6716 | 0,5031 | 1 | 0,0788 | 0,2141 | 0,1942 | 0,2913 | 0,2322 | 0,2968 | 0,3321 | 0,2004 | 0,3858 |
| Henry Hub Nat. Gas | 0,1482 | 0,1234 | 0,0603 | 0,0788 | 1 | 0,145 | 0,1364 | 0,0857 | 0,1012 | 0,0146 | 0,0199 | 0,0058 | 0,0842 |
| Corn | 0,3332 | 0,2867 | 0,2419 | 0,2141 | 0,145 | 1 | 0,799 | 0,6069 | 0,2809 | 0,2372 | 0,1043 | 0,1502 | 0,2365 |
| Wheat | 0,3214 | 0,2528 | 0,2764 | 0,1942 | 0,1364 | 0,799 | 1 | 0,5823 | 0,3077 | 0,2289 | 0,1062 | 0,1587 | 0,2687 |
| Soybeans | 0,4246 | 0,3961 | 0,3014 | 0,2913 | 0,0857 | 0,6069 | 0,5823 | 1 | 0,3147 | 0,2611 | 0,2621 | 0,2307 | 0,3457 |
| Sugar No.11 | 0,3588 | 0,3366 | 0,2902 | 0,2322 | 0,1012 | 0,2809 | 0,3077 | 0,3147 | 1 | 0,2535 | 0,1103 | 0,0941 | 0,2358 |
| Coffee | 0,3384 | 0,3294 | 0,3161 | 0,2968 | 0,0146 | 0,2372 | 0,2289 | 0,2611 | 0,2535 | 1 | 0,2121 | 0,1543 | 0,2816 |
| Cocoa | 0,2756 | 0,2834 | 0,2332 | 0,3321 | 0,0199 | 0,1043 | 0,1062 | 0,2621 | 0,1103 | 0,2121 | 1 | 0,143 | 0,2279 |
| GOLD | 0,2424 | 0,2571 | 0,2491 | 0,2004 | 0,0058 | 0,1502 | 0,1587 | 0,2307 | 0,0941 | 0,1543 | 0,143 | 1 | 0,7428 |
| Silver | 0,5085 | 0,4821 | 0,498 | 0,3858 | 0,0842 | 0,2365 | 0,2687 | 0,3457 | 0,2358 | 0,2816 | 0,2279 | 0,7428 | 1 |

Created on: 30.04.2012 at 17:44:47
Source: Thomson Reuters

Höchste Korrelation bei Gold und Silber. Niedrigste Korrelation bei Gold und Henry Hub Nat. Gas.

Abbildung 28: Korrelationsmatrix von Gold zu anderen Rohstoffen[78]

[78] Quelle: Thomson Reuters

## Welche Volatilität hat Gold eigentlich?

Natürlich hat auch Gold eine Schwankungsbreite, welche man in der Finanzwirtschaft **Volatilität** nennt. Diese gibt an, wie stark zum Beispiel ein Anlagegut um einen Mittelwert schwankt. Dabei unterscheidet man zwischen der historischen, also der vergangenheitsbezogenen Volatilität und der **impliziten Volatilität**, welche sich als Reflektion aus den Terminkontrakten ergibt. Eine isoliert betrachtete Volatilität ist von der Aussagekraft immer geringer, als wenn man diese ins Verhältnis zu einem anderen Anlagegut stellt und damit vergleicht.

In Abbildung 29 vergleichen wir darum die 90 Tage **historische Volatilität** von Gold mit der 90 Tage historischen Volatilität des DAX® Index und zeigen diese für fünf Jahre auf. Es zeichnet sich ein Trendbild ab, welches aufzeigt, dass i.d.R. der DAX® Index eine höhere Volatilität aufweist, als die Feinunze Gold. Die Grafik zeigt jedoch auch, dass Gold ebenfalls eine nicht zu vernachlässigende Schwankungsbreite besitzt und in Sondersituationen (zum Beispiel während der griechischen Staatsverschuldungsproblematik) eine Annäherung entstehen kann. Daher ist auch bei Goldinvestitionen immer mit einer Schwankung zu rechnen. Wer nur von einem gleichbleibenden Preis ausgeht, kann hier schnell enttäuschst werden. Auch der Goldpreis „atmet“ sowohl nach unten wie nach oben.

Abbildung 29: Volatilität des DAX Index vs. Gold 90 Tage, fünf Jahre[79]

Deutlich wird diese Thematik auch, wenn man die implizite Volatilität auf Gold betrachtet. Bei dieser wird aus den Terminkontrakten (Optionen) die dort reflektierte Volatilität, d.h. die am Markt gehandelte, extrahiert. Diese kann grafisch in Form eines sogenannten Volatilitätsurface dargestellt werden. Abbildung 30 zeigt ein solches Volatilitätsurface, und die damit verbundene Volatilität auf Gold auf.

---

[79] Quelle: Bloomberg

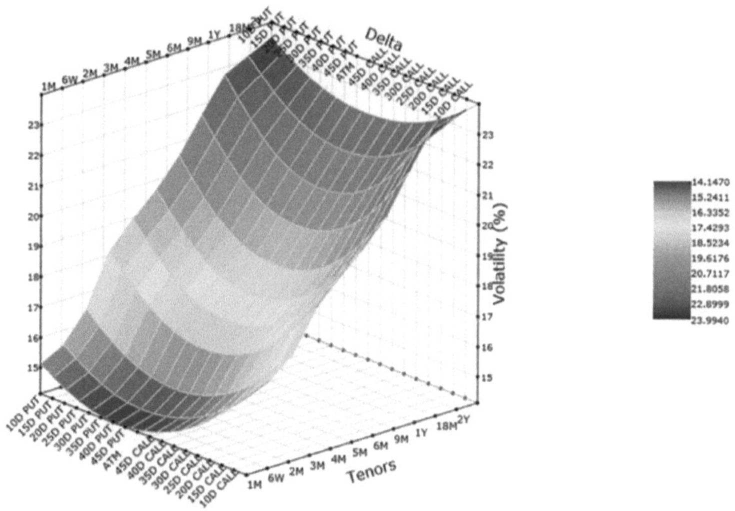


Abbildung 30: Volatilitätsurface auf Gold[80]

**Kann Volatilität lachen?**

Zugegeben, eine etwas alberne Frage, aber in der Tat sprechen die Fachleute von Vola-Smiles.

Es handelt sich hierbei um das Phänomen, dass bei tief aus dem Geld liegenden und tief im Geld liegenden Optionen die Volatilität höher ist als bei am Geld liegenden Kontrakten[81]. Das daraus entstehende Bild wirkt wie ein lachendes Gesicht.

---

[80] Quelle: Thomson Reuters

[81] Vgl. Bloss, Ernst, Häcker, Sörensen: Financial Engineering

## Hängt Gold wirklich am US-Dollar?

Diese Frage beschäftigt die Banker rund um den Globus immer wieder. Die Antwort ist einfach: *Ja.* Der Goldpreis und der US-Dollar stehen als Weltleitwährungen in einem direkten Zusammenhang. In Abbildung 31 kann man diese negative Korrelation von US-Dollar gegenüber dem Goldpreis sehr gut erkennen und ableiten.

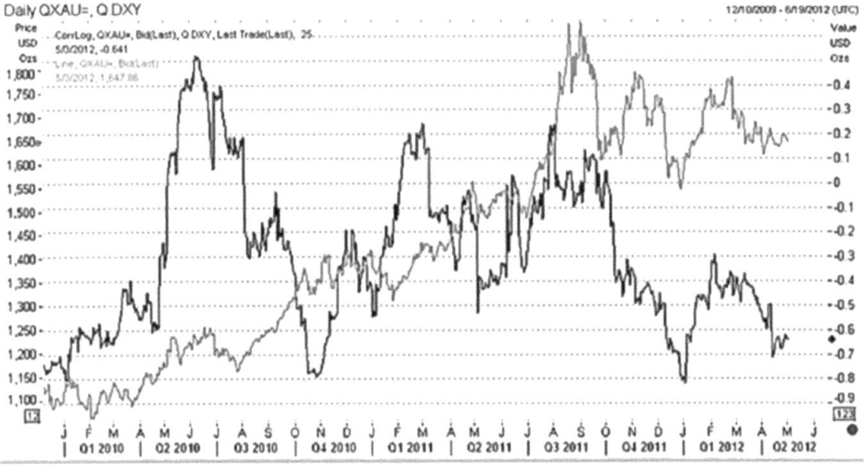


Abbildung 31: Gold zur Gold/US-Dollar Korrelation[82]

**Fazit:** Wie man den vorangegangenen Abschnitten entnehmen kann, sind der Investition in Gold fast keine Grenzen gesetzt. Dennoch ist es gerade bei einem so vielschichtigen Anlageuniversum sehr wichtig, zielführend und gut informiert und beraten zu investieren. Halbwissen und Unverständnis in den Produkten kann schnell zu Enttäuschungen führen. Auch macht es die Mischung der Instrumente aus.

---

[82] Quelle: Thomson Reuters

Da jeder Investor eine andere Anlagementalität und Einstellung zum Risiko besitzt, kann kein allgemein verbindlicher Rat erteilt werden. Nur so viel sei gewagt, dass man ca. 5–15% des Gesamtvermögens in Gold (und hiervon mindestens 2/3 in physischem Gold → Bodensatzinvestment) investieren sollte. Alles Weitere bleibt der jeweiligen Anlagestrategie und Risikoaffinität überlassen. Gold gilt zwar als werterhaltendes Investment, jedoch gilt dies nur für die physischen Barren und Münzen. Sobald ein Investor sich auf der großen Spielwiese der strukturierten Produkte aufhält, kommen gegebenenfalls neue Bedingungen für ihn hinzu.

## Auf den goldenen Punkt gebracht

- Gold ist kein Allheilmittel.
- Goldinvestitionen sind direkt und indirekt möglich.
- Bei jeder Art von Investition muss der Investor sich über den Zweck im Klaren sein.
- Die Mischung aus verschiedenen Investitionsarten macht den Erfolg aus.

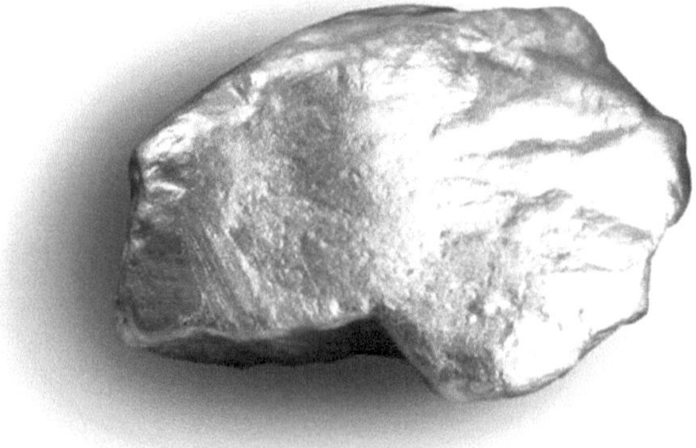

# 11 Schlusswort

**Gold** hat in den Gedanken, Handlungen und Entscheidungen der Menschheit einen besonderen Platz. Es gilt als göttliches Metall, wurde in Götzenbildern verehrt und schmückt bis heute für die Menschheit kostbare Gegenstände. Es wurde dem Menschen ein lebendiger und ewiger Begleiter, da es weder verbrennt noch oxidiert. So ist jede Unze Gold ein Teil unserer eigenen Geschichte und es besteht die Möglichkeit, dass das Gold in unserem privaten Schmuck bereits im alten Ägypten Verwendung gefunden hatte. Unser modernes Finanz- und Wirtschaftssystem wäre ohne Gold so nicht denkbar. Als KÖNIG KRÖSUS aus Gold Geldmünzen prägen ließ, wurde er zum Urgroßvater eines modernen Geldsystems.

Der Goldbergbau und die Produktion von Gold ist nach wie vor eine schwierige und aufgrund der vielen Umwelteinflüsse nicht unumstrittene Industrie, welche die moderne Gesellschaft vor ethische und moralische Fragen weit jenseits materieller Bedürfnisse stellt.

Anlagen in Gold haben, in den Krisen und darüber hinaus, immer eine wahre Renaissance erlebt. Dies zeigt, wie wichtig es der breiten Masse der Anleger ist, ein wertbeständiges Investment zu besitzen. Die Financial Engineering Industrie versorgt dabei die Anlegergemeinde mit einer Vielzahl von Produkten, welche auf die jeweiligen Bedürfnisse zugeschnitten sind. Gold ist somit mehr als nur reine Barren und Münzen. Es wurde zum modernen Underlying mit einer zigtausend Jahre alten Geschichte und Tradition. Doch diese Geschichte und Tradition ist wechselvoll. Viel Glanz und viel Gloria hat Gold gesehen. Doch auch viel unsagbares Leid ist in seinem Namen geschehen. Dies zeigt, dass es gerade dieses Spannungsfeld ist, was Gold für uns so interessant macht und was seine Anziehungskraft auf uns ausübt.

# Anhang

# Literatur

Augustinus: Confessiones, Reclam 2009

Bibel, Einheitsübersetzung Katholische Bibelanstalt Stuttgart, Herder Vlg. 1980

Birkbäumer, Klaus; Höges, Clemens: Die letzte Reise: Der Fall Christoph Kolumbus. Deutsche Verlagsanstalt, München 2004

Blanchard, Oliver; Illing, Gerhard: Makroökonomie, Pearson Vlg. 2009

Bloss, Michael (Hrsg.): Financial Engineering, De Gruyter Oldenbourg Wissenschaftsverlag München 2017

Bonnet, Hans: Lexikon der ägyptischen Religionsgeschichte, Nikol Vlg. 2000

Eisen, Christian: Hyperinflation in der Weimarer Republik: Ursachen und Gründe für den Wertverfall, GRIN Vlg. 2009

Grimmer, Thomas: Der Goldstandard – Stabilitätsgarant für Makroökonomie und Geldsysteme?, GRIN Vlg. 2012

Goethe, Johann Wolfgang: Faust I und II, Nikol Vlg. 2011

Hahn, Ralf: Gold aus dem Meer. Die Forschungen des Nobelpreisträgers FRITZ HABER in den Jahren 1922–1927, GNT Vlg. 1999

Hentschel, T.; Priester, M.: Quecksilberbelastung in Entwicklungsländern durch Goldamalgamation im Kleinbergbau und aufbereitungstechnische Alternativen, erschienen in Erzmetall 7/8, Weinheim 1990

Iwanow, Iwan: Die Schätze der Warnaer chalkolithischen Nekropole, Sofia Vlg. 1978

Kern H.; Ebert Chr.: Entstehung und Vorkommen von Goldlagerstätten, Kiel 1986

Leichtl, Sibylle: Die Finanzierung des Ersten Weltkrieges und Hyperinflation 1914–1923, GRIN Vlg. 2007

Malm O. et al.: Mercury pollution due to gold mining in the Madeira River Basin, Brazil; Ambio 1990

Mathis, A.; Rehaag, R. (Hrsg.): Gold und die Folgen. Auswirkungen des Goldbergbaus auf Sozialgefüge und Umwelt im Amazonasraum, Köln 1994

Pommer, Benjamin: Die Währungsreform 1948: Die Ursachen und ihre Wirkung, GRIN Vlg. 2009

Ratzinger, Joseph: Einführung in das Christentum, Kösel Vlg. 2000

Ratzinger, Joseph: Salz der Erde, Deutsche Verlagsanstalt München 1996

Richter, Klemens: Die Ordination des Bischofs von Rom: Eine Untersuchung zur Weiheliturgie vom Neuen Testament bis zum Pontificale Romanum von 1968; 1976

Seeger, Michel: Neue Keynesianische Makroökonomie, GRIN Vlg. 2009

Spreemann, Klaus: Finance, Oldenbourg Wissenschaftsverlag, 3. Aufl. 2007

Statehood; Beckmann; Tex: Historical Sketch of the California Indians, Harvey Mudd College 1997

Wieting, Jens: Umweltmanagement des Goldbergbaus in Nicaragua, Berlin 1996

# Index